公务员法律知识实用问答

和伟伟◎著

中国法制出版社
CHINA LEGAL PUBLISHING HOUSE

图书在版编目（CIP）数据

公务员法律知识实用问答／和伟伟著.—北京：中国法制出版社，2021.8

ISBN 978-7-5216-2092-4

Ⅰ.①公… Ⅱ.①和… Ⅲ.①法律-基本知识-问题解答-中国 Ⅳ.①D920.4

中国版本图书馆CIP数据核字（2021）第156232号

责任编辑　王佩琳　　　　封面设计　杨鑫宇

公务员法律知识实用问答

GONGWUYUAN FALÜ ZHISHI SHIYONG WENDA

著者/和伟伟

经销/新华书店

印刷/三河市国英印务有限公司

开本/880毫米×1230毫米　32开　　　　印张/7.75　字数/112千

版次/2021年8月第1版　　　　2021年8月第1次印刷

中国法制出版社出版

书号ISBN 978-7-5216-2092-4　　　　定价：30.00元

北京市西城区西便门西里甲16号西便门办公区

邮政编码：100053　　　　传真：010-63141852

网址：http：//www.zgfzs.com　　　　**编辑部电话：010-63141798**

市场营销部电话：010-63141612　　　　**印务部电话：010-63141606**

序　言

全民普法是全面依法治国的长期基础性工作。《中央宣传部、司法部关于开展法治宣传教育的第八个五年规划（2021—2025 年）》指出，要持续提升公民法治素养，实行公民终身法治教育制度，把法治教育纳入干部教育体系、国民教育体系、社会教育体系。要加强国家工作人员法治教育，加强青少年法治教育，分层分类开展法治教育，根据不同的群体特点，开展有针对性的法治宣传教育活动，提高其依法维护权益的意识和能力。

在建设法治社会的大背景下，遇到问题通过法律途径解决已成为公民的习惯。在开展第八个五年法治宣传教育之际，我们根据社会需求，特别编写了本套“八五”普法实用问答丛书。本套丛书区分不同读者群体，分为以下 7 个分册：《公民常用法律知识实用问答》《领导干部法律知识实用问答》《公务员法律知识实用问答》《职工法律知识实用问答》《青少年法律知识实用问答》《企业法律知识实用问答》《农村法律知识实用问答》。

各分册以最简明、易懂的问答形式，挑选与相关读者群体关系最为密切的主题，从实用的角度，有针对性地设计问题。在保持专业性的同时，用尽可能通俗、流畅的语言，辅以必要的案例，向读者介绍相关的法律知识，帮助公民在日常工作与生活中，维护法治，遵守社会秩序，保护自己的合法权益。

希望广大读者通过本套丛书轻松学习法律知识，提升法治素养，提高尊法学法守法用法的自觉性和主动性，养成办事依法、遇事找法、解决问题用法、化解矛盾靠法的良好习惯。

目　录

第一章　公务员法律知识

第一节　一般规定

第二节　公务员录用

第三节　公务员聘任

第四节　公务员交流与回避

第五节　公务员处分

第六节　公务员考核

第七节　公务员奖励

第八节 公务员培训

第二章 治安管理处罚法律知识

第三章　行政处罚法律知识

第四章　行政许可法律知识

第五章　行政强制法律知识

第六章　行政诉讼法律知识

第七章　保密法律知识

第八章 监察法律知识

第九章　国家赔偿法律知识

第十章　刑法知识

第一章

公务员法律知识

第一节 一般规定

1 公务员的职务、职级和级别是如何对应的?

情景再现

小李的舅舅是某市司法局的副局长，舅舅告诉小李自己是副县级干部，享受副处级待遇。小李糊涂了，对于舅舅既是副局长又是副县级、副处级的情况完全不明白是怎么回事。舅舅告诉小李，公务员不仅有职务、级别，并且职务、级别之间还有对应关系，既然小李毕业后想考公务员，就应该搞清楚这些规定。那么公务员的职务、职级和级别是如何对应的呢?

法律分析

为了建设忠诚、高素质、专业化的公务员队伍，健全公务员激励保障机制，深化公务员改革，我国推行公务员职务与职级并行、职级与待遇挂钩制度。依据《公务员职务与职级并行规定》第2条的规定，公务员的职级，是公务员的等级序列，是与领导职务并行的晋升通道，体现公务员政治素质、业务能力、资历贡献，是确定工资、住房、医疗等待遇的重要依据，不具有领导职责。按照职务类别将公务员职级序列划分为综合管理类、专业技术类、行政执法类等。公务员级别由低至高依次为二十七级至一级。故此，公务员职务、职级与级别的对应包括领导职务、职级与级别的对应和综合管理类公务员职级与级别的对应关系以及综合管理类以外其他职位类别公务员职级与级别的对应关系。

在公务员领导职务、职级与级别的对应关系中，公务员可以通过领导职务和职级晋升。公务员领导职务、职级与级别是实施公务员管理，确定公务员工资以及其他待遇的依据，并且公务员的领导职务和职级对应相应的级别。依据《公务员职务与职级并行规定》第6条的规定，领导职务层次分为：国家级正职、国家级副职、省部级正职、省部级副职、厅局级正职、厅局级副职、县处级正职、县处级副职、乡科级正职、乡科级副职。依据《公务员职务、职级与级别管理办法》第5条规定，公务员领导职务层次与级别的对应关系是，国家级正职：一级；国家级副职：四级至二级；省部级正职：八级至四级；省部级副职：十级至六级；厅局级正职：十三级至八级；厅局级副职：十五级至十级；县处级正职：十八级至十二级；县处级副职：二十级至十四级；乡科级正职：二十二级至十六级；乡科级副职：二十四级至十七级。副部级机关内设机构、副省级城市机关的司局级正职对应十五级至十级；司局级副职对应十七级至十一级。

在综合管理类公务员职级与级别的对应关系中，依据《公务员职务与职级并行规定》第7条以及第8条的规定，综合管理类公务员职级序列依次为，一级巡视员：十三级至八级；二级巡视员：十五级至十级；一级调研员：十七级至十一级；二级调研员：十八级至十二级；三级调研员：十九级至十三级；四级调研员：二十级至十四级；一级主任科员：二十一级至十五级；二级主任科员：二十二级至十六级；三级主任科员：二十三级至十七级；四级主任科员：二十四级至十八级；一级科员：二十六级至十八级；二级科员：二十七级至十九级。

2 公务员的工资及其他待遇是如何确定的？

情景再现

熊某大学毕业后和班里众多同学一样选择报考公务员。很多同学都如愿考上了公务员，在祖国各地的公务员岗位上发挥着自己的光和热。熊某非常幸运地考回了自己的家乡，在中部省份的一个地级市科技局任职。5年后，大学同学聚会，班里的同学聚在一起，讨论着各自的工作和生活。熊某发现当初和自己同时考上公务员的同学，不论是在西部地区还是在东部沿海地区，工资待遇都比自己好。熊某虽然也为同学们高兴，但是对于这中间的差距还是很让他迷惑，想要知道公务员的工资及其他待遇到底是如何确定的。

法律分析

《公务员法》第 21 条规定，公务员的领导职务、职级与级别是确定公务员工资以及其他待遇的依据。因此，确定公务员的工资、待遇的主要依据是公务员的职务和级别。例如，《公务员工资制度改革方案》中明确规定，公务员晋升职务后，执行新任职务的职务工资标准，并按规定晋升级别和增加级别工资。厅局级副职及以下职务层次的公务员，任职时间和级别达到规定条件后，经考核合格，可以享受上一职务层次非领导职务的工资等待遇。

公务员工资制度改革的指导精神明确了，公务员的工资，应当贯彻按劳分配，坚持职务与级别相结合，增强级别的激励功能，实行级别与工资等待遇适当挂钩，保持公务员的工资水平与经济社会发展水平相适应，同时逐步将地区工资差距控制在合理的范围。因此以职务和级别为主要依据确定公务员的工资、待遇的同时，也需要在兼顾地区经济发展水平、物价消费水平等方面的差异的情况下，实施地区附加津贴制度，还需要综合考虑自然地理环境和人文社会发展等因素，实施完善的艰苦边远地区津贴制度，弥补社会经济发展水平等方面的差异，对在艰苦边远地区工作生活的工作人员给予适当补偿。与此同时，针对在特殊岗位的人员，要完善岗位津贴制度。因此，公务员的职务、级别是确定公务员工资、待遇的最重要依据，即便是相同的职务、级别的公务员因为所处地区不同、岗位不同，甚至个人工作表现是否在年度考核中被评定为称职（合格）以上，都可能会影响公务员最终的工资、待遇。

3 公务员的工资都包括哪些内容?

情景再现

经过统一招考，江某终于成为某市市场监督管理局的一名公务员。入职之初，亲戚朋友都说，公务员工资和待遇稳定，不论外部经济形势如何都不会影响公务员正常发工资。后来，江某便开始了自己的公务员生涯，江某非常珍惜自己的工作，工作十分认真负责。只是，江某一直对自己的工资很困惑，每月不管自己全勤与否，工资好像都差不多，而且有时候额外发一些补助，江某也不清楚是怎么回事。那么，公务员的工资及其他待遇是如何确定的呢?

法律分析

根据我国《公务员法》第80条的规定，公务员工资包括基本工资、津贴、补贴和奖金。公务员按照国家规定享受地区附加津贴、艰苦边远地区津贴、岗位津贴等津贴。公务员按照国家规定享受住房、医疗等补贴、补助。公务员在定期考核中被确定为优秀、称职的，按照国家规定享受年终奖金。

公务员的基本工资包括职务工资和级别工资两项。公务员的职务工资，主要体现公务员的工作职责大小。一个职务对应一个工资标准，领导职务和相当职务层次的非领导职务对应不同的工资标准。公务员按所任职务执行相应的职务工资标准。级别工资，主要体现公务员的工作实绩和资历。公务员的级别由低至高依次为二十七级至一级，每一职务层次对应若干个级别，每一级别设若干个工资档次。公务员根据所任职务、德才表现、工作实绩和资历确定级别和级别工资档次，执行相应的级别工资标准。基本工资是工资结构的重要组成部分，是确定公务员后续退休待遇等的重要依据。津贴是结合具体情况给予公务员人的补贴，是工资的一种补充形式。奖金作为一种报酬形式，也是工资的补充，我国公务员实行年终一次性奖金，根据《公务员工资制度改革方案》的规定，对年度考核称职（合格）及以上的工作人员，发放年终一次性奖金，奖金标准为本人当年12月的基本工资。任何机关不得扣减或者拖欠公务员的工资。

4 公务员加班是否有加班费?

情景再现

小李是某市市场监督管理局的一名新进工作人员，最近上级部门向小李的单位下达了一项任务，要求市场监督管理局组织查处所辖范围内的有关食品、药品、化妆品等在流通环节产生的违法行为。为了完成上级任务，小李和同事们加班加点工作，周六、周日都不能休息，但是这月底小李和同事们获得的工资还是和以往一样。小李表示不理解，找到单位领导反映情况，希望单位可以直接支付加班费。

法律分析

我国《公务员法》第82条规定，公务员执行国家规定的工时制度，按照国家规定享受休假。公务员在法定工作日之外加班的，应当给予相应的补休，不能补休的按照国家规定给予补助。法律规定明确了公务员加班首先应当给予补休，不能补休的才应按照国家规定给予补助。显然，依照上述规定面对公务员加班的情况，补休是首选，补助是补充。因此小李直接向单位要求支付加班费的要求是不妥当的。

小李在周六、周日加班工作属于在法律规定的时间之外工作，应当认定为加班。我国公务员工时制度的具体内容规定在《国务院关于职工工作时间的规定》中。依据《国务院关于职工工作时间的规定》第 3 条及第 7 条的规定，职工每日工作 8 小时、平均每周工作 40 小时。国家机关、事业单位实行统一的工作时间，星期六和星期日为休息日。小李所在单位因接受上级任务，指派小李与同事们在休息日工作，属于因特殊情况和紧急任务需要延长工作时间的情形。因此，小李在加班后，小李所在单位理应按照《公务员法》的规定，为小李安排补休。只有在单位应当为小李安排补休而未安排的情况下，小李要求支付加班费的诉求才可以获得支持。这样的法律规定，一方面彰显了公务员为人民服务的人民公仆形象，另一方面也兼顾了公务员个体的合法权益。

5 公务员能否从事与本职工作无关的工作，赚取外快？

情景再现

某县水电站正式成立，性质为国有企业，负责人为滕某，水电站为某县水利局的直属单位，经水利局领导研究决定由水利局办公室副主任张某兼任水电站会计工作，并承诺自兼职工作日起，每月给张某发放兼职工资 1500 元。后经审计部门审核，认为张某领取兼职工资的行为违反法律的规定，相关单位应当停止向张某发放兼职工资。张某表示不服，认为自己作为水利局办公室的一名普通公务员，利用业余所学，兼任下属单位的会计工作，既不与自身的本职工作重叠、冲突，又是凭借自己的劳动获取合理报酬，因此收取水电站的兼职工资合情合理。

法律分析

《公务员法》第44条规定，公务员因工作需要在机关外兼职，应当经有关机关批准，并不得领取兼职报酬。由此可知，公务员在外兼职必须是因为工作需要，并要经过有关机关批准，且在任何情形下都不得收取兼职报酬。公务员在外兼职，工作内容是否与本职工作相关不是兼职行为合法与否的评判标准，只要是因为工作需要，经过有关机关的批准，公务员都可以在外兼职。本案中，张某在工作单位下属单位兼职所从事的工作与在水利局的工作内容并不重叠和交叉，张某前往下属单位兼任会计工作是因为工作需要，并且经过水利局领导研究决定，因此张某到下属单位兼职并不违法违规，但是张某领取兼职报酬违反法律的规定。尤其是，本案中水利局相关领导在批准张某兼职的同时允诺给予张某兼职报酬违反法律规定，水利局作为水电站的直接主管部门没有履行监督审查责任，对张某兼职期间获得的兼职工资没有处理，属于失职行为。

除此以外，公务人员在现实生活中亦不得从事个体经营，不得办小作坊、小商铺，成为工商个体户，或者私营小商贩。公务员不能以合伙人或者入股的方式设立公司，也不能从事生产经营，比如承包、承租等。

6 公务员晋升领导职务应当符合哪些程序规定?

情景再现

董某工作的民政局空缺一个办公室主任的岗位。董某大学毕业后，已经在民政局工作了5年多，非常渴望得到进步与锻炼的机会。单位领导对董某的工作态度和工作能力也十分认可，觉得董某可以胜任这个职位。与此同时，在党政干部例行会议上，单位领导多次表现出对董某担任办公室主任的期待，并实际上已经将办公室主任的工作分配给董某负责。董某单位的其他同事已经默认董某是办公室主任身份，那么董某经过哪些程序才能真正成为办公室主任呢?

法律分析

公务员晋升领导职务，应当具备拟任职务所要求的政治素质、工作能力、文化程度和任职经历等方面的条件和资格。因此，公务员晋升领导职务应当严格依照法定程序。《公务员法》

第46条规定，公务员晋升领导职务，应当按照动议，民主推荐，确定考察对象、组织考察，按照管理权限讨论决定，履行任职手续程序依次办理。这一晋升程序是公务员职务晋升的主要方式。其中，最主要的内容是民主推荐、组织考察、讨论决定。按照《党政领导干部选拔任用工作条例》第16条的规定，民主推荐包括谈话调研推荐和会议推荐。组织考察是在确定考察对象后，由组织（人事）部门进行严格考察。考察必须依据干部选拔条件和不同职务的职责要求，全面考察其德、能、勤、绩、廉，注重考察工作实绩。讨论决定是指按照干部管理权限由党委（党组）集体讨论作出任职决定，或者决定提出推荐、提名的意见。《党政领导干部选拔任用工作条例》第42条规定，提拔担任厅局级以下领导职务的，除特殊岗位和在换届考察时已进行过公示的人选外，在党委（党组）讨论决定后、下发任职通知前，应当在一定范围内公示。公示内容应当真实准确，便于监督，涉及破格提拔的还应当说明破格的具体情形和理由。公示期不少于5个工作日。公示结果不影响任职的，办理任职手续。

7 明知上级的决定或者是命令有错误，公务员依然选择执行，是否需要承担相应的责任?

情景再现

某县市场监督管理局工作人员贾某在对辖区内的综合批发市场进行例行检查的过程中，发现某购销点售卖伪劣产品和假冒其他商品注册商标的产品。依据县市场监督管理局的职责规定，依法应当对某购销点进行处罚。贾某将检查结果和处理意见上报到县市场监督管理局，局领导在综合评判后，决定对某购销点不予处罚。贾某对此表示不理解，事后得知某购销点的经营者是局领导的亲戚。贾某认为既然某购销点存在违法行为就应当受到处罚，内心十分矛盾，不知道如何执行领导的决定，以及是否应当向领导提出建议。

法律分析

《公务员法》明确规定，公务员应当遵纪守法，不得拒绝执行上级依法作出的决定和命令。但是这里明确公务员不得拒绝的决定、命令必须是上级依法作出的。对于上级违法作出的命令或者是公务员个人认为上级违法作出决定或者作出的决定、命令是错误的，应当如何处理呢？依据《公务员法》第60条的规定，公务员执行公务时，认为上级的决定或者命令有错误的，可以向上级提出改正或者撤销该决定或者命令的意见；上级不改变该决定或者命令，或者要求立即执行的，公务员应当执行该决定或者命令，执行的后果由上级负责，公务员不承担责任；但是，公务员执行明显违法的决定或者命令的，应当依法承担相应的责任。

就本案而言，如果贾某检查工作程序合法，并且上报查处的事实和理由确实充分，那么贾某对于上级决定可以提出合理化建议。针对贾某的建议，上级或者改变，或者要求贾某继续执行原决定。如果上级坚持原决定不变更，只要上级的决定不是明显违反法律，即便贾某认为上级的决定是错误的，也应当遵照执行，但是执行之后的后果由上级负责，贾某不承担责任。

8　公务员辞去公职应当符合哪些法定程序？

情景再现

张某大学毕业后，经过省考进入公务员系统，兢兢业业工作十余年。由于当地公务员收入不高，近年来张某在职务上也没有得到提升，加之生活开支逐渐增大，张某一直在考虑离开公务员系统，寻求新的工作。

张某考虑成熟之后，直接向上级领导递交了一封辞职信，未等上级批准就离开了工作单位。张某的行为是否符合公务员辞去公职的法定程序?

法律分析

公务员作为依法履行公职，纳入国家行政编制或事业编制，由国家财政负担工资福利的工作人员，不论是入职还是离职都必须符合法定程序。《公务员法》第 85 条规定，公务员辞去公职，应当向任免机关提出书面申请。任免机关应当自接到申请之日起 30 日内予以审批，其中对领导成员辞去公职的申请，应当自接到申请之日起 90 日内予以审批。《公务员法》第 91 条规定，公务员辞职或者被辞退，离职前应当办理公务交接手续，必要时按照规定接受审计。

《公务员辞去公职规定》对公务员辞去公职的程序有明确的规定，公务员辞去公职必须向任免机关提出书面申请，填写《公务员辞去公职申请表》，由任免机关组织人事部门审核。而后任免机关进行审批，作出同意辞去公职或者不同意辞去公职的批复，同意辞去公职的应当同时免去其所任领导职务、职级。任免机关形成结果后，将审批结果以书面形式通知公务员所在单位和申请辞去公职的公务员，并将同意辞去公职的批复送同级公务员主管部门备案。任免机关应当自接到公务员辞去公职申请之日起 30 日内予以审批，其中对领导成员辞去公职的申请，应当自接到申请之日起90日内予以审批。经批准辞去公职的公务员，离职前应当办理公务交接手续，必要时按照规定接受审计。对拒不办理公务交接手续的，撤销同意辞去公职的决定，给予开除处分。公务员申请辞去公职未予批准的，可以按照规定申请复核或者提出申诉。复核、申诉期间不停止该人事处理决定的执行。公务员在辞去公职审批期间不得擅自离职。对擅自离职的，给予开除处分。所以，张某仅向上级领导递交辞职信，未等上级批准就离开工作单位严重违反了法定程序。

9　什么情况下公务员不得辞去公职？

情景再现

王某大学毕业后报考公务员，但是几次都没有考上。后来王某在公务员招考信息中发现某技术岗位因为人才稀缺招收人数众多，但是招考信息中提示一旦被招录，单位会对招录人员进行不定期的技术培训，且有最低服务年限。王某为了当上公务员，报考了这一岗位，并被录取。到岗后，王某参加了一次单位组织的专项培训，并约定培训后至少为单位工作满10年。经过一段时间的工作，王某不仅不能适应当地的环境，而且越来越觉得公务员这个职业并不是自己喜欢和追求的。王某把自己的想法告诉了单位领导，并且提出想要辞职。但是领导说王某在单位的服务年限还没有届满，不可以辞职。王某此时才想起来当初报考时招考信息的提示内容。

法律分析

我国《公务员法》明确规定了公务员不得辞去公职的情形。依据《公务员法》第86条规定，公务员有下列情形之一的，不得辞去公职：（1）未满国家规定的最低服务年限的；（2）在涉及国家秘密等特殊职位任职或者离开上述职位不满国家规定的脱密期限的；（3）重要公务尚未处理完毕，且须由本人继续处理的；（4）正在接受审计、纪律审查、监察调查，或者涉嫌犯罪，司法程序尚未终结的；（5）法律、行政法规规定的其他不得辞去公职的情形。若发生以上五种情形，公务员不得辞去公职。

王某辞职的事情可以分为两种情况区别对待。第一种情况，如果王某在单位的工作年限不满5年，那么依据《公务员法》第86条，以及《新录用公务员任职定级规定》第6条“新录用公务员在机关最低服务年限为五年（含试用期）”的规定，王某属于未满国家规定的最低服务年限的情形，是不得辞去公职的。第二种情况，如果王某在单位已经工作满5年，但是因为违反培训协议的约定，未满培训协议约定期限，原则上是不允许辞去公职的，如果王某坚持辞职，依据《公务员辞去公职规定》第12条规定，应当向所在单位支付违约金或者履行相应义务。

10 公务员能否被辞退？

情景再现

陈某是某市司法局的一名公务员，刚刚参加工作时，对待工作一直非常认真负责，但是后来看到有些同事经常迟到早退，或者干脆长期不来，单位也没有对这些同事进行处分，加之社会上一直流传着公务员是铁饭碗的说法，久而久之陈某便开始懈怠了。陈某也开始迟到早退，有时几天都不见人，工作也不认真，为此连续两年考核为不称职。陈某会被辞退吗？

法律分析

公务员任职要求高，且是经过层层选拔的。但是并不意味着公务员就是铁饭碗，一旦进入公务员队伍就可以一劳永逸，不思进取了。如果公务员被录用之后，对工作不负责任，无法胜任工作，单位有权将公务员辞退。我国《公务员法》第88条规定，“公务员有下列情形之一的，予以辞退：（一）在年度考核中，连续两年被确定为不称职的；（二）不胜任现职工作，又不接受其他安排的；（三）因所在机关调整、撤销、合并或者缩减编制员额需要调整工作，本人拒绝合理安排的；（四）不履行公务员义务，不遵守法律和公务员纪律，经教育仍无转变，不适合继续在机关工作，又不宜给予开除处分的；（五）旷工或者因公外出、请假期满无正当理由逾期不归连续超过十五天，或者一年内累计超过三十天的”。陈某已经连续两年在年度考核中被确定为不合格，单位可以将其辞退。

我国法律同时明确了不得辞退公务员的情形，依据《公务员法》第 89 条规定，“对有下列情形之一的公务员，不得辞退：（一）因公致残，被确认丧失或者部分丧失工作能力的；（二）患病或者负伤，在规定的医疗期内的；（三）女性公务员在孕期、产假、哺乳期内的；（四）法律、行政法规规定的其他不得辞退的情形”。如果陈某出现了《公务员法》第 89 条规定的情形，即便被评定为不称职，也是不能够被辞退的。但是，公务员不得利用法定不得辞退公务员的情形，对工作懈怠、不负责任。

11 公务员在没有达到退休年龄时，能够提前退休吗？

情景再现

常某是某文化局的科级干部，在单位已经工作 20 余年，再有 1 年就可以正式退休了。最近，常某的小孙子出生了。常某对这个小孙子喜欢得不行，一会儿不见就十分想念。常某想着家里面帮忙看孩子的人手也不够，自己又这么想孙子，就想办理提前退休。当常某向单位提出申请之后，单位答复常某说常某工作不满30年，不符合提前退休的条件。此时，常某能够提前退休吗？

法律分析

公务员的退休分为应当退休和可以退休两种类型。按照《公务员法》第92条的规定，公务员达到国家规定的退休年龄或者完全丧失工作能力的，应当退休。同时依据《公务员法》第93条的规定，符合工作年限满30年的；或者距国家规定的退休年龄不足5年，且工作年限满20年的；或者符合国家规定的可以提前退休的其他情形的，本人自愿提出申请，经任免机关批准，可以提前退休。符合法定退休情形的，由任免机关责令公务员退休，符合可以退休条件的，由本人申请，经任免机关批准可以退休，并且可以退休的条件不必要全部符合，只需要符合其中一项即可。

常某虽然不符合工作年满30年的规定，但是常某在单位已经工作超过20年，且还有1年就正式退休，符合《公务员法》第93条关于距国家规定的退休年龄不足5年且工作年限满20年的可以申请提前退休的规定，只要常某所在单位批准，就可以提前退休。

12 公务员退休后被发现在之前的工作中存在违法违纪行为，是否就不再享受养老保险待遇？

情景再现

某市粮食和物资储备局副局长张某向所在单位申请提前退休，经批准后张某办理了提前退休手续。随后，市纪委监察委发现张某在工作中有玩忽职守的行为，遂对张某立案侦查，并将相关情况移交张某所在单位。张某所在单位在接到市纪委监察委移交的材料之后，首先开除了张某的党籍，随后停发张某的退休工资，且没有发放任何生活补贴。张某的案件经过侦查以及审查起诉，最终检察院认定张某玩忽职守的事实不清，对张某作出不予起诉的决定。张某拿到决定书后就向单位反映，认为自己已经被有权机关作出不起诉决定，并没有违法行为，单位停发工资是错误的，要求粮食和物资储备局恢复自己的退休待遇并补发欠发的工资。

法律分析

公务员退休后依法享受国家规定的养老金和其他待遇，国家为公务员生活和健康提供必要的服务和帮助，这是公务员的法定权利。但是公务员享有法定权利需要以遵守法律、法规为前提。依据《公职人员政务处分法》第27条规定，已经退休的公职人员退休前或者退休后有违法行为的，不再给予政务处分，但是可以对其立案调查；依法应当予以降级、撤职、开除的，应当按照规定相应调整其享受的待遇。也就是说，已经退休的公务员，不论是退休前还是退休后存在违法违纪行为，退休待遇均会受到相应影响。《关于公务员被采取强制措施和受行政刑事处罚工资待遇处理有关问题的通知》第2条规定了公务员退休后被采取强制措施和受行政、刑事处罚的退休费待遇处理的问题。公务员退休后被取保候审、监视居住、刑事拘留、逮捕期间，停发退休费待遇，按本人原基本退休费的75%计发生活费。经审查核实，公安机关撤销案件或人民检察院不起诉或人民法院宣告无罪、免予刑事处罚，未被收容教育、强制隔离戒毒、劳动教养、行政拘留，且未被追究政纪责任的，恢复退休费待遇，减发的退休费予以补发。

本案中，张某被采取立案侦查措施之后，张某所在单位直接停发了张某的退休工资，不予发放生活费的做法是不正确的。因为张某在被监察委立案侦查之后，即便张某所在单位停发张某的退休待遇，也应当按张某原基本退休费的75%计发生活费。在检察院对张某作出不起诉决定之后，张某所在单位应当恢复退休费待遇，减发的退休费予以补发。

第二节　公务员录用

1　年龄超过35周岁是否就没有资格报考公务员?

情景再现

从大学毕业至今，小陈一直想成为一名公务员。虽然小陈已经快35岁了，毕业之后也做了许多其他工作，但是他年年参加公务员考试，都没有入选。小陈对着周围的亲戚朋友立下志愿，说自己一定会坚持报考公务员，直到考上为止。周围亲戚朋友都劝他说，今年是你的最后一次机会，你一定要好好复习，如果考不上也没有关系，在其他岗位照样能够发光、发热。小陈过了35周岁是否真的不能再报考公务员了呢?

法律分析

《公务员法》第13条规定了公务员应当具备的7个条件，并没有规定年龄应在35周岁以下。依据《公务员录用规定》第18条的规定，报考公务员，应当具备下列资格条件：（1）具有中华人民共和国国籍；（2）年龄为18周岁以上，35周岁以下；（3）拥护中华人民共和国宪法，拥护中国共产党领导和社会主义制度；（4）具有良好的政治素质和道德品行；（5）具有正常履行职责的身体条件和心理素质；（6）具有符合职位要求的工作能力；（7）具有大学专科以上文化程度；（8）省级以上公务员主管部门规定的拟任职位所要求的资格条件；（9）法律、法规规定的其他条件。由此可知，通常情况下超过35周岁便不再具备报考公务员的资格了。但是《公务员录用规定》第18条也明确规定了，报考公务员的年龄标准和学历标准经省级以上公务员主管部门批准，可以适当调整。也就是说即便年龄已经超过35周岁，但是因招录单位的特殊需要并且经省级以上公务员主管部门批准后，也是可以继续报考公务员的。

因此小陈35周岁之后并非绝对不能报考公务员。不同公务员岗位的差别很大，有些岗位需要很强的分析创造能力，有些岗位需要特殊的知识和技能，有些岗位则多在办公室伏案工作。“一刀切”的管理办法已经不适应当今强调精细管理的时代了。我国对公务员的年龄作出这样的规定，同时兼顾了效率与公平。

2　外国人能否成为我国的公务员？

情景再现

小李在某市出入境管理局的办事大厅里，看到了一个黑人工作人员。为此，小李表示十分的惊讶，在小李的印象中，外国人是不可以成为我国的公务员的，公务员不仅是一份工作，一个职业的象征，同时报考公务员也是一种政治权利。通常情况下，政治权利只能由一国公民享有。不是中国公民的外国人，很显然不能享受这种权利。那么，小李的认识是正确的吗？

法律分析

外国人是指不具有中国国籍的人，可以分为具有外国国籍的人以及无国籍的人。因为我国不承认双重国籍，所以在我国不可能出现既具有外国国籍又具有我国国籍的人。当然，外国人可以依据《国籍法》的规定加入我国国籍。想要成为我国的公务员必须具备具有我国国籍这一硬性条件。《公务员法》第13条明确规定，公务员必须具有中国国籍。同时依照《公务员录用规定》第18条的规定，报考公务员，应当具有中华人民共和国国籍，且即便经省级以上公务员主管部门批准，也不可以变更须具备中国国籍这一报考条件。因此具有外国国籍的人或者是无国籍的人是不可能成为我国的公务员的。但是具有外国国籍的人可以通过放弃外国国籍并申请加入我国国籍，无国籍人具备拥有我国国籍条件的可以申请加入我国国籍，在具备我国国籍之后，同时具备报考公务员的其他条件时，是可以报考我国公务员的。

3 涉嫌犯罪，但是经审理免予受到刑事处罚的人员是否可以报考公务员？

情景再现

小吴涉嫌骗取贷款罪被某市公安局立案侦查，后经检察院审查起诉并移送法院审理。在审理的过程中，考虑到小吴的犯罪情节轻微，造成的危害不大，而且小吴的认罪态度较好，因此法院综合认定，判决小吴构成骗取贷款罪，但是免予刑事处罚。小吴经过此次事件，深知学法、守法的重要，并且还希望努力备考，考取公务员之后为人民服务。那么，小吴想要考取公务员的想法能够实现吗？

法律分析

依照《公务员录用规定》第19条的规定，曾因犯罪受过刑事处罚的人员是不可以报考公务员的。本案中虽然小吴涉嫌骗取贷款罪，并且小吴个人也已经认罪，但是法院在最终处理上对小吴网开一面，判决小吴免予刑事处罚。刑事责任是实施犯罪行为的法律后果，但不是所有人实施了犯罪行为都要承担刑事责任。这样，小吴就属于虽被定罪，但未被处罚的状态。按照上述规定，小吴不属于法定的不允许报考公务员的人员。但是，依据《公务员法》第13条的规定，公务员应当具备良好的政治素质和道德素质。《公务员录用规定》第18条也规定，报考公务员的人员应当具有良好的品行。对报考公务员的人员不仅要求不能触犯刑事法律，同时也提出较高的道德标准以及政治要求。报考公务员的人员在符合法定报考条件的前提下，还应当满足成为一名公务员所应当具备的其他条件。

本案中，小吴事实上没有受到刑事处罚，是可以报考公务员的。公务员是依法履行公职、纳入国家行政编制、由国家财政负担工资福利的工作人员。作为履行公职、代表国家工作的公务员应当具有良好的德才素质。因此，小吴还是应当痛改前非，努力提升自己。

4 在公务员招录过程中，为把亲戚招录进本单位提供便利违反了哪些规定？会受到什么相应处罚？

情景再现

牛某的叔叔是某市税务局的局长，为此牛某专门报考了市税务局招录的职位，且顺利通过了笔试。牛某的叔叔得到消息，公务员招录的面试由省一级公务员主管部门交给牛某叔叔的单位负责。为此，牛某的叔叔专门联系了面试小组的组长，将牛某的信息提前透露给组长，要求组长在面试的时候关照牛某。

组长遵照执行之后，牛某挤掉其他面试人员，顺利通过招录。那么本案中各行为人都有哪些违反规定的行为？会受到什么相应处罚？

法律分析

依据《公务员录用规定》第45条“有下列情形之一的，由省级以上公务员主管部门或者设区的市级公务员主管部门，视情况分别予以责令纠正或者宣布无效；对负有责任的领导人员和直接责任人员，根据情节轻重，给予批评教育、责令检查、诫勉、组织调整或者组织处理；涉嫌违纪违法需要追究责任的，依规依纪依法予以处分；涉嫌犯罪的，移送有关国家机关依法处理：（一）不按照规定的编制限额和职位要求进行录用的；（二）不按照规定的任职资格条件和程序录用的；（三）未经授权，擅自出台、变更录用政策，造成不良影响的；（四）录用工作中徇私舞弊，情节严重的；（五）发生泄露试题、违反考场纪律以及其他严重影响公开、公正行为的”的规定，本案中，牛某的叔叔作为负责面试工作单位的领导，徇私舞弊，利用职权帮助牛某非法获取工作岗位。牛某的行为不仅无视公务员面试的资格要求而且践踏了录用程序，应当根据情节轻重，给予批评教育、调离录用工作岗位或者给予处分，构成犯罪的，依法追究刑事责任等处罚。

面试小组组长作为公务员录取工作的具体负责人，在明知领导交代的事项违反法律规定的前提下，依然选择按照领导交代的事项为牛某谋取私利，违反了《公务员录用规定》第 46 条，“从事录用工作的人员有下列情形之一的，由公务员主管部门或者所在单位，根据情节轻重，给予批评教育、责令检查、诫勉、组织调整或者组织处理；涉嫌违纪违法需要追究责任的，依规依纪依法予以处分；涉嫌犯罪的，移送有关国家机关依法处理：（一）泄露试题和其他录用秘密信息的；（二）利用工作便利，伪造考试成绩或者其他录用工作有关资料的；（三）利用工作便利，协助报考者考试作弊的；（四）因工作失职，导致录用工作重新进行的；（五）违反录用工作纪律的其他行为”的规定，按照规定，应当视面试小组组长违法情节的轻重给予批评教育、调离录用工作岗位或者给予处分，构成犯罪的，依法追究刑事责任等处罚。

对于牛某，首先，牛某是不得报考牛某叔叔所在单位的公务员的，根据《公务员录用规定》第 20 条的规定，报考者不得报考与本人有夫妻关系、直系血亲关系、三代以内旁系血亲关系以及近姻亲关系的人员担任领导成员的用人单位的职位。牛某叔叔与牛某系三代以内旁系血亲关系，牛某叔叔系税务局的局长，因此牛某不得报考该税务局的工作岗位。

其次，根据我国《公务员录用规定》第 47 条的规定，报考者有违反报考规则和管理规定行为的，由公务员主管部门、招录机关或者考试机构按照管理权限，分别采取纠正、批评教育、答卷不予评阅、当科考试成绩为零分、终止录用程序等方式进行现场处置或者事后处置。报考者有隐瞒真实信息、弄虚作假、考试作弊、扰乱考试秩序等违反录用纪律行为的，情节较轻的，由省级以上公务员主管部门或者设区的市级公务员主管部门给予考试成绩无效、取消资格等处理；情节严重的，给予5年内限制报考的处理；情节特别严重的，给予终身限制报考的处理；涉嫌犯罪的，移送有关国家机关依法处理。本案中，牛某作为参加公务员考试的人员不遵守录用纪律，利用叔叔的权力和职务便利，违法获得公务员职位的行为已经严重违反了《公务员录用规定》的规定，因此可以对牛某作出取消录用且5年内不得报考公务员考试的惩罚措施。如果牛某违法情节严重已经构成犯罪，则应依法追究牛某的刑事责任。

5　拟录用的公务员，一经公示是否就意味着被招考单位录用?

情景再现

陈某参加某省的公务员省考，顺利通过了笔试、面试、体检等各项环节。招录单位将陈某等人在门户网站上予以公示。

陈某的同学在浏览招录单位的门户网站时看到了陈某的名字，随即打电话给陈某，祝贺陈某考取招考单位的公务员。陈某也觉得自己已经被公示，肯定能被招录机关录取，陈某的想法正确吗？

法律分析

公务员公示是指招录机关根据报考者的考试成绩、体检结果和考察情况等，择优提出拟录用人员名单，向社会公示。按照《公务员录用规定》第36条的规定，公示期不少于5个工作日。

那么是不是就意味着只要公示期满，公务员就自动被录用了呢？从公务员公示的内容来看，答案显然是否定的。根据《公务员录用规定》第37条的规定，公示内容包括招录机关名称、拟录用职位，拟录用人员姓名、性别、准考证号、毕业院校或者工作单位，监督电话以及省级以上公务员主管部门规定的其他事项。公示期满，对没有反映问题或者反映问题不影响录用的，按照规定程序办理审批或者备案手续；对有严重问题并查有实据的，不予录用；对反映有严重问题，但一时难以查实的，暂缓录用，待查实并作出结论后再决定是否录用。

公务员录用过程中将拟录用名单公之于众，并附有监督电话，就是希望社会大众向公务员招录机关反映公务员是否存在不符合招录条件的情形。公务员公示期满后，符合招录条件的，予以办理招录手续。不符合招录条件的，不予录用。因此陈某只有在公示期内没有被反映问题或者被反映的问题不影响录用的，才能够被正式录用。

6 新录用的公务员在什么情况下会被取消录用资格?

情景再现

张某报名某市的公务员录用考试，经过激烈的角逐和一系列的程序，张某成为市政府的一名新录用的公务员。一进入公务员系统，张某就感觉自己好像进入了“保险箱”，工作懒散、懈怠。张某经常迟到、早退，为了和朋友们一起旅游，连续两周都未到岗上班。后张某返回工作岗位，发现除了自己之外，同批新录用的公务员都有了相应的职位和级别。张某询问领导，领导告知张某说张某已经被取消录用。张某表示十分疑惑。

法律分析

按照《公务员录用规定》第39条的规定，新录用的公务员试用期为一年。在试用期内，由招录机关对新录用的公务员进行考核。那么，新录用的公务员试用期满后，经考核合格的，才能被招录机关任职定级。新录用公务员试用期满考核不合格的，取消录用。

同时，试用期内用人单位发现新录用公务员有不具备公务员条件、不符合报考职位要求、不能胜任职位工作等情形的，可以取消录用。依据《新录用公务员试用期管理办法（试行）》第16条的规定，“新录用公务员有下列情形之一的，应当取消录用：（一）不履行或者不正确履行工作职责，工作严重失误或者给国家和人民群众的利益造成较大损失和不良影响的；（二）在参加公务员录用考试的报名、考试、体检、考察等环节有严重违纪违规行为的；（三）在参加国家法定考试中有严重违纪违规行为的；（四）应当给予降级以上处分的；（五）受到刑事处罚或者劳动教养的；（六）有公务员法规定的应予以辞退情形的；（七）法律、法规规定的其他情形。已经办理录用审批或者备案手续的人员，非因不可抗力因素未按规定时间报到的，取消录用”。

公务员作为代表国家为人民服务的工作人员，公务员的道德品行对国家和政府形象有很大影响。因此只有公务员考试和试用期考察相结合才能构建公平合理的择才机制。张某无正当理由外出两周不归，符合《公务员法》规定的应予以辞退的情形，因此应当对张某取消录用。如果张某对取消录用决定不服，可以依照有关规定申请复核或者提出申诉。复核或者申诉期间不停止取消录用决定的执行。

第三节 公务员聘任

1 是否必须采用公开招聘的方式聘任公务员?

情景再现

公务员被认为是“铁饭碗”,一直受到社会的追捧。如今,公务员在任用方面也出现了变化,聘任制打破了“铁饭碗”,让公务员端起了“瓷饭碗”,树立起职业危机意识。某市计划公开招聘聘任制公务员 4 名,招聘职位和人数分别是市发展和改革委员会副总经济师 1 名、市住建委副总规划师 1 名、市财政局副总会计师 1 名和市统计局副总统计师 1 名。除市统计局副总统计师无人报名外,其他三个职位共有 9 个符合聘任条件的人报名应聘,并已进入专业测评和考察体检阶段。聘任制公务员是否必须向社会公开招聘?

法律分析

为了健全用人机制,满足机关吸引和使用优秀人才的需求,提高公务员队伍专业化水平,新增了聘任制这一招录公务员的机制。聘任制公务员,是指以合同形式聘任、依法履行公职、纳入国家行政编制、由国家财政负担工资福利的工作人员。采取聘任形式招录公务员的，一般应当向社会公开招聘。依据《聘任制公务员管理规定（试行）》第9条规定，机关聘任公务员，一般应当面向社会公开招聘，但是也有例外情形。依据《聘任制公务员管理规定（试行）》第10条规定，对于工作急需、符合聘任职位条件的人选少、难以进行公开招聘的专业性较强的职位，经省级以上公务员主管部门批准，机关可以从符合条件的人员中直接选聘。因此，以聘任方式招聘公务员一般情况下采取向社会公开招聘的方式进行，特殊情况下经省级以上公务员主管部门批准的可以直接选聘。在公开招聘无人报名应聘的情况下，直接选聘就可以解决某市统计局副总统计师的职位空缺问题。

2 聘任制公务员患病或者非因公负伤规定医疗期满后，不能从事原工作的，聘任机关是否必须与其解除合同？

情景再现

李某通过公开竞聘，成为某市统计局的一名聘任制公务员，并且与统计局签订了聘任合同，合同期限为3年。李某工作至第二年时，因病治疗了3个多月，一直不能上班。李某非常担心，害怕这样下去会被单位解除合同，李某整日忧心忡忡也影响了治疗进程。统计局领导为此专门去看望李某，让李某安心治疗。那么，李某一定会被单位解除合同吗？

法律分析

依据《聘任制公务员管理规定（试行）》第16条规定，聘任制公务员患病或者非因公负伤规定医疗期满后，不能从事原工作的，聘任机关可以解除聘任合同。聘任机关应当提前30日以书面形式通知聘任制公务员本人。显然，上述条款明确规定，公务员出现患病或者非因公负伤规定医疗期满后，不能从事原工作的情况的，聘任机关可以解除聘任合同，而不是应当解除聘任合同。同时《聘任制公务员管理规定（试行）》第17条也规定了，除公务员出现患病或者非因公负伤规定医疗期满后不能从事原工作的情况，公务员因为其他个人原因不能正常履行聘任合同约定工作职责的，聘任机关才应当解除聘任合同。此外，聘任机关应当解除聘任合同的情形还包括：（1）经试用不符合聘任条件的；（2）聘期内年度考核不称职的；（3）不履行公务员义务，不遵守公务员纪律，经教育仍无转变，不适合继续在机关工作的；（4）旷工或者因公外出、请假期满无正当理由逾期不归连续超过15天，或者一年内累计超过30天的；（5）有严重违纪违法行为或者被依法追究刑事责任的；（6）法律法规规定或者聘任合同约定聘任机关应当解除聘任合同的其他情形。

相较以上应当与公务员解除聘任合同的情形，公务员因为个人患病或者非因公负伤规定医疗期满后，不能从事原工作的，聘任单位还是应当综合考察公务员的情况后再决定是否解除聘任合同。

3 什么情况下聘任机关不得与聘任制公务员解除合同？

情景再现

2018年，方某大学毕业后考取了某市司法局的聘任制公务员。进入司法局工作一年后，方某组建了自己的家庭，次年生下了一个可爱的宝宝。司法局的领导考虑到方某在哺乳期内，对方某十分照顾，不仅减轻了方某的工作负担，还缩短了方某的工作时间。起初方某非常感激单位的照顾，后来空闲的时间多了，方某竟然在外面找了份兼职，补贴日常花销。针对方某的行为，司法局可以与方某解除聘任合同吗？

法律分析

《聘任制公务员管理规定（试行）》第18条规定，聘任制公务员在聘期内有《公务员法》规定不得辞退情形之一的，包括因公致残，被确认丧失或者部分丧失工作能力的；患病或者负伤，在规定的医疗期内的；女性公务员在孕期、产假、哺乳期内的；法律、行政法规规定的其他不得辞退的情形，聘任机关不得解除聘任合同。

但有《聘任制公务员管理规定（试行）》第16条规定的未经批准在其他单位兼职的情形，以及第17条规定的经试用不符合聘任条件的；不履行公务员义务，不遵守公务员纪律，经教育仍无转变，不适合继续在机关工作的；旷工或者因公外出、请假期满无正当理由逾期不归连续超过15天，或者一年内累计超过30天的；有严重违纪违法行为或者被依法追究刑事责任的；法律法规规定或者聘任合同约定聘任机关应当解除聘任合同的其他情形的，聘任机关可以解除聘任合同。也就是说，在上述情形下，即便聘任制公务员同时具备了《公务员法》规定的不得辞退的条件，也可以被聘任机关解除合同。本案中，虽然方某在哺乳期内，但是方某未经批准在其他单位兼职，司法局是可以与方某解除聘任合同的。

4　正在接受审计、纪律审查，或者涉嫌犯罪，司法程序尚未终结的聘任制公务员，可否直接通知聘任机关解除聘任合同？

情景再现

王某是某法院的聘任制公务员，王某在协助法官审理案件的过程中，通过收取原告或者被告的贿赂，为自己攫取巨额非法收入。经群众举报，纪委监察委了解到王某的非法行为，决定对王某采取调查。王某在纪委监察委的同学得知这件事后，把纪委监察委将要调查王某的事情告诉了王某。为此，王某决定向单位辞职以逃避调查。王某向单位递交了书面辞职报告后就再也不去单位上班了。王某向单位递交辞职信就可以解除与单位的聘任合同吗？

法律分析

依照《聘任制公务员管理规定（试行）》第19条的规定，在试用期内的；聘任机关未按照聘任合同约定支付工资、未依法为聘任制公务员缴纳社会保险费等，或者未提供必要工作条件的；法律法规规定或者聘任合同约定聘任制公务员可以解除聘任合同的其他情形下，聘任制公务员以书面形式通知机关后可以解除聘任合同。其余情形下，聘任制公务员需要以书面形式向聘任机关提出申请解除聘任合同。聘任制公务员提出申请的，聘任机关应当在30日内予以答复，未在规定时间内答复的视为同意解除聘任合同。未获批准前，聘任制公务员不得自行离职。

但是重要公务尚未处理完毕，且必须由本人继续处理的；正在接受审计、纪律审查，或者涉嫌犯罪，司法程序尚未终结的；法律法规规定或者聘任合同约定的其他不得解除聘任合同的情形下，聘任制公务员是不可以提出申请要求解除聘任合同的。本案中，王某因为违法行为正在接受纪委监察委调查，同时王某可能还有重要公务尚未处理完毕，因此王某不仅不能以递交辞呈的方式解除合同，同时也不能向单位递交解除聘任合同的申请。

5 聘任机关与聘任制公务员解除合同的，何种情况下需支付经济补偿金？依据与标准是什么？

情景再现

赵某是某市市场监督管理局的聘任制公务员，工作期限为5年。赵某的工作内容是对市市场监督管理局所辖范围内的超市、药店、购销点等进行质量监督和检查。赵某工作刚满3年时，在周末回乡探亲途中遭遇了意外，造成右腿粉碎性骨折。经治疗后，赵某仍然不能正常行走。这场意外给赵某的工作造成了严重的影响，为此单位想要与赵某解除聘任合同。

法律分析

依照《聘任制公务员管理规定（试行）》第21条的规定，依照该规定第16条第1款第2项、第3项解除聘任合同的，聘任机关应当向聘任制公务员支付经济补偿。也就是说，聘任单位因为公务员患病或者非因公负伤规定医疗期满后，不能从事原工作，或者因订立合同所依据的客观情况发生重大变化，致使合同无法继续履行，经双方协商，未能就变更聘任合同内容达成协议的，聘任单位需要向公务员支付经济补偿。经济补偿按照聘任制公务员在本机关工作的年限，每满1年支付1个月工资的标准执行。工作6个月以上不满1年的，支付1个月工资的经济补偿。不满6个月的，支付半个月工资的经济补偿。

聘任制公务员依照聘任机关未按照聘任合同约定支付工资、未依法为聘任制公务员缴纳社会保险费等，或者未提供必要工作条件向聘任单位要求解除聘任合同的，聘任机关应当按照合同约定支付工资，补缴社会保险费，并承担相应违约责任。本案中，赵某可以获得3个月工资作为经济补偿金。

6 聘任制公务员可否转化为委任制公务员？

情景再现

朱某大学毕业后一直未能如愿考进公务员系统。后来朱某改变思路，发掘自身的专长，通过在计算机方面的高超技能，竞聘上某市国土资源局的计算机岗位。虽然聘期只有3年，但是朱某兢兢业业，帮助市国土资源局解决了许多难题。领导找到朱某，要求他好好干，争取转为委任制公务员。朱某怎样才能如愿以偿呢?

法律分析

委任制公务员，是指由任免机关在其任免权限范围内，直接确定并委派某人担任一定职务而产生的公务员。委任制公务员系通过公开考试和考核的方法，择优录用产生。委任制公务员试用期满考核合格，职务、职级发生变化。目前，我国公务员的任用以委任制为主。

聘任制公务员，是指以合同形式聘任、依法履行公职、纳入国家行政编制、由国家财政负担工资福利的工作人员。委任制公务员与聘任制公务员最大的区别之处在于委任制公务员非因法定事由不被免职和辞退，而聘任制公务员是在合同期限内履行工作职责，合同到期后，聘任机关可以不再续用。

依照《聘任制公务员管理规定（试行）》第 27 条的规定，聘任制公务员在聘期内一般不得变动职位。聘任机关根据工作需要、考核结果和聘任制公务员本人意愿，经省级以上公务员主管部门批准，聘任合同期满后可以续聘。此外，对在专业性较强的职位上表现突出、作出显著成绩和贡献、工作长期需要的聘任制公务员，聘期满 5 年，年度考核结果均为称职以上或者聘期考核结果为优秀的，经省级以上公务员主管部门批准，可以转为委任制公务员。因此聘任制公务员不仅可以续聘，还可以在满足相应条件的情况下转为委任制公务员。

本案中，如果朱某通过续聘，达到工作满 5 年的条件之后，同时满足在职位上表现突出或者作出显著成绩，并且年度考核结果均为称职以上或者聘期考核结果为优秀的条件，是可以转为委任制公务员的。

7 聘任制公务员离职后再就业有哪些限制?

情景再现

李某是某县产业园区的办公室工作人员，属于聘任制公务员，负责产业园区的招商引资，工作内容就是与产业园区的各个公司打交道。李某的 3 年聘期到期后，想要换个职业尝试一下。正好产业园区一个公司的老总赏识李某的才干，准备高薪聘请李某到其公司任职。李某可以去产业园区的公司任职吗?

法律分析

《聘任制公务员管理规定（试行)》第 38 条规定，除该规定第 19 条所列情形外，聘任制公务员提出解除聘任合同的，按照公务员从业限制有关规定，领导职务公务员在离职 3 年内，其他公务员在离职 2 年内，不得到与原工作业务直接相关的企业或者其他营利性组织任职，不得从事与原工作业务直接相关的营利性活动。

本案中，产业园区的老总是在李某任期到期之后提出让李某到自己的公司任职的，并非李某在任期内向聘任机关提出解除聘任合同。因此，李某可以答应产业园区公司老总的邀请。

第四节　公务员交流与回避

1　国有企业员工想要调入机关工作需要满足哪些条件？

情景再现

陈某是某国有企业的董事长，公众对陈某的固有印象就是一个企业的“老板”。后来，大家在新闻媒体上得知，陈某出任了某市的副市长一职。很多老百姓对此表示不明白，为什么国企的一员可以摇身一变成为政府的公务员呢？只有企业的领导可以调入机关，还是所有的国企员工都可以？

法律分析

调任，是指国有企业、高等院校和科研院所以及其他不参照《公务员法》管理的事业单位中从事公务的人员调入机关担任领导职务或者四级调研员以上及其他相当层次的职级。公务员调任坚持以习近平新时代中国特色社会主义思想为指导，贯彻新时代中国共产党的组织路线和干部工作方针政策，突出政治标准，根据工作和队伍建设需要以及资格条件，坚持组织安排与个人意愿相结合，从严掌握，择优任用。

《公务员调任规定》第 6 条规定，调任人选除应当具备《公务员法》第 13 条规定的条件外，还应当具备下列资格条件：（1）政治立场坚定、政治素质过硬，增强“四个意识”、坚定“四个自信”、做到“两个维护”。（2）具有胜任工作的能力素质、文化水平和专业素养，勤奋敬业、实绩突出。（3）具有与拟调任职位要求相当的工作经历和任职资历。（4）具备《公务员法》及其配套法规规定的晋升至拟任职务职级累计所需的最低工作年限。专业技术人员调入机关任职的，应当担任副高级专业技术职务 2 年以上，或者已担任正高级专业技术职务。（5）调入中央机关、省级机关任职的，应当具有大学本科以上文化程度；调入市（地）级以下机关任职的，应当具有大学专科以上文化程度。（6）调任厅局级领导职务或者一级、二级巡视员及其他相当层次职级的，原则上不超过 55 周岁；调任县处级领导职务、县级和乡镇机关乡科级领导职务或者一级至四级调研员及其他相当层次职级的，原则上不超过 50 周岁；调任其他乡科级领导职务的，原则上不超过 45 周岁。（7）符合法律、法规、章程规定的其他条件。所以并非所有的国企员工都可以调任机关工作，国有企业的员工必须符合《公务员调任规定》第 6 条规定的相应条件时，才可以调任机关工作。

2 违法违纪行为未被最终认定的，是否可以调任？

情景再现

某市委组织部通过初步考察，拟选拔某大学的副教授贾某担任某市文化局局长。贾某符合调任条件，并通过了初审。但是，大学里的一名教职工向市委组织部举报了贾某在国有企业的违法违纪行为。接到举报之后，大学的纪检部门以及市委组织部均对贾某展开了相关调查。在调查过程中，某市委组织部取消了贾某的调任资格。贾某感到自己十分委屈，不明白为什么被取消调任资格。

法律分析

《公务员调任规定》第8条规定，“有下列情形之一的人员，不得调任：（一）因犯罪受过刑事处罚的；（二）被开除中国共产党党籍的；（三）被开除公职的；（四）被依法列为失信联合惩戒对象的；（五）涉嫌违纪违法正在接受有关专门机关审查尚未作出结论的；（六）受处分期间或者未满影响期限的；（七）正在接受审计机关审计的；（八）法律、法规规定的其他情形。”

上述规定明确了正在接受审计机关审计的人员不得调任。虽然贾某只是被同校的教职人员举报，但是校纪委和市委组织部已经对贾某展开了调查，因此按照规定应当取消贾某的调任资格。

3 公务员在何种情况下必须转任？

情景再现

付某在某市组织部任副部长多年。付某非常喜欢自己的工作，认为身在组织部门更能发挥自己的专长。因此单位多次找到付某，做付某的思想工作，希望付某调换一下工作岗位，付某都不同意。付某自己打起了小主意，反正我不走，谁也不能把我怎么样，付某的想法正确吗？

法律分析

公务员转任，是指公务员在公务员队伍内部不同职位之间的交流或者交流到参照《公务员法》管理的机关（单位）工作人员职位。依据《公务员转任规定》第7条规定，担任机关内设机构领导职务的公务员在同一职位工作满10年的，不担任领导职务的公务员在组织、人事、纪检、监察、审计、财务、项目和资金审批、招标采购、行政许可、行政处罚等同一职位工作满10年的，应当转任。由此可见，公务员在何种条件下必须转任，是有明确规定的。

本案中，付某一直在组织部门工作，即便不担任领导职务，工作满 10 年也必须转任。如果付某不尊重单位安排转任，根据《公务员转任规定》第 19 条规定，对无正当理由拒不服从组织转任决定、拒不办理公务交接手续的，依规依纪依法予以免职或者降职使用，并视情节轻重给予处分。

除非因工作特殊需要暂缓转任，否则还应当按照管理权限报公务员主管部门同意之后，才能在应当转任的情况下暂缓转任。

4 公务员回避包括哪些情形？

情景再现

小李报考了某市自然资源和规划局的岗位，在参加公务员面试的时候，面试考官向小李提问："如果你在今后的工作中要对自己亲人的违法行为进行处罚，你会怎么做?"小李答道："我一定会秉公执法，必要时大义灭亲。"听闻小李的回答后，几位考官相视一笑。小李不知道自己是答得好还是不好，回去后认真翻阅资料，发现自己的回答虽然正气凛然，但是可能已经违反了回避规定，自己对相关知识竟一无所知。那么，公务员在哪些情形下应当回避呢?

法律分析

公务员回避是指国家机关工作人员在行使职权的过程中，因自己与所处理的事务有利害关系，为保证处理程序合法以及处理结果公正，根据当事人或者国家机关工作人员的申请，或有权机关发现存在影响职权行使的情形，由有权机关依法作出决定，停止国家机关工作人员行使职权的一种制度。严格执行公务员回避制度，是公务员廉洁公正执行公务的重要保证。

按照《公务员回避规定》第 2 条的规定，公务员回避分为任职回避、地域回避和公务回避。根据《公务员法》第 74 条的规定，任职回避是指公务员之间有夫妻关系、直系血亲关系、三代以内旁系血亲关系以及近姻亲关系的，不得在同一机关双方直接隶属于同一领导人员的职位或者有直接上下级领导关系的职位工作，也不得在其中一方担任领导职务的机关从事组织、人事、纪检、监察、审计和财务工作。另外，公务员不得在其配偶、子女及其配偶经营的企业、营利性组织的行业监管或者主管部门担任领导成员。因地域或者工作性质特殊，需要变通执行任职回避的，由省级以上公务员主管部门规定。

根据《公务员法》第 75 条的规定，地域回避是指公务员担任乡级机关、县级机关、设区的市级机关及其有关部门主要领导职务的，应当按照有关规定实行回避。适用地域回避的人员是担任上述机关和部门的主要领导职务的人员。一般包括乡、县级党政正职、纪委书记、法院院长、检察院检察长、党委组织部部长、人事局局长、监察局局长、公安局局长等。适用地域回避的情形包括在原籍任职或在一地担任领导职务较长时间。地域回避主要规范对象为原籍任职。

根据《公务员法》第 76 条的规定，公务回避是指公务员执行公务时，涉及本人利害关系，或者涉及亲属利害关系，或者有其他可能影响公正执行公务的情形的，应当回避。本案中小李面对的考题便涉及此种需要回避的情况。

5 任职回避中的直系血亲、三代以内旁系血亲、近姻亲关系具体包括哪些？

情景再现

杨某与其表妹李某同在市住建局任职，杨某在住建局办公室任职，主要负责一些文字工作，相对清闲。李某大学本科学的是会计专业，主要负责住建局的财务工作，工作比较烦琐，每到月底和月初都要熬夜加班。李某专门找到杨某的主管领导，希望能和表妹在一起工作。李某可以如愿吗？

法律分析

《公务员回避规定》第 5 条进一步明确了任职回避中亲属关

系的范围，任职回避中的直系血亲关系包括祖父母、外祖父母、父母、子女、孙子女、外孙子女，三代以内旁系血亲关系包括伯叔姑舅姨、兄弟姐妹、堂兄弟姐妹、表兄弟姐妹、侄子女、甥子女，近姻亲关系包括配偶的父母、配偶的兄弟姐妹及其配偶、子女的配偶及子女配偶的父母、三代以内旁系血亲的配偶。本案中杨某与李某是表兄弟姐妹关系，属于应当实行任职回避的三代以内旁系血亲关系。按照任职回避的要求，杨某和李某不得在同一机关双方直接隶属于同一领导人员的职位工作。如果李某的要求得到许可，那么李某就会和杨某同在一个部门工作，直接隶属同一个主管领导，这是违反法律规定的。因此，李某的要求不会被同意。

6　公务回避中的公务活动包括哪些？

情景再现

蒋某因打架斗殴被民警抓获。民警将蒋某扭送某派出所。而后，蒋某发现某派出所正好是他弟弟的工作单位。为此，蒋某要求他的弟弟参与处理此次打架斗殴事件。蒋某的要求符合法律规定吗？

法律分析

依据《公务员回避规定》第 13 条的规定，公务员应当回避的公务活动包括：考试录用、聘任、调任、领导职务与职级升降任免、考核、考察、奖惩、转任、出国（境）审批；巡视、巡察、纪检、监察、审计、仲裁、案件侦办、审判、检察、信访举报处理；税费稽征、项目和资金审批、招标采购、行政许可、行政处罚，以及其他应当回避的公务活动。公务员在参加上述活动中如涉及本人及亲属利害关系或者其他可能影响公正执行公务的情形，应当回避。

本案中，蒋某与其弟弟属于三代以内旁系血亲关系。蒋某弟弟的工作内容包括侦查和处理治安违法案件，包含在应当进行回避的公务活动中。《公务员回避规定》第 14 条规定，公务员在执行公务时，涉及与本人有三代以内旁系血亲等关系的人员的，应当回避，不得参加有关调查、讨论、审核、决定等，也不得以任何方式施加影响。无论是蒋某弟弟的工作内容还是蒋某与弟弟的亲属关系，蒋某的弟弟都应当遵照公务回避的规定，进行回避。如果蒋某弟弟在处理案件时牵扯自己的亲人，那么在行使职权过程中就无法保证结果和程序的公正。

7 公务员能否自行决定回避?

情景再现

郭某是某市检察院的检察官，2019 年 9 月，郭某所在的工作部门受理了一起公安机关移送的故意伤害案件。按照工作安排，该案件由郭某负责。在审阅卷宗的时候，郭某发现案件的犯罪嫌疑人竟然是自己的小学老师。郭某觉得自己于公于私都不再适合处理这起刑事案件，于是向上级汇报了故意伤害案的犯罪嫌疑人是自己小学老师的事实。汇报后，在上级主管领导没有作出研究决定的情况下，郭某直接将案卷移交给本部门的李某，不再审查本案。郭某的做法正确吗?

法律分析

本案涉及公务员回避问题。回避是指国家机关工作人员在行使职权过程中，因自己与所处理的事务有利害关系，为保证处理程序合法以及处理结果公正，根据当事人或者国家机关工作人员的申请，或有权机关发现存在影响职权行使的情形，由有权机关依法作出决定，停止国家机关工作人员行使职权的一种制度。严格执行公务员回避制度，是公务员廉洁公正执行公务的重要保证。

首先，郭某在审查案件的过程中发现了需要回避的情形，主动向上级汇报，这样的做法是应当受到肯定的。依据《公务员回避规定》第 17 条的规定，公务员应当及时主动报告需要回避的情形。

其次，郭某明知自己已经不再适合办理该起故意伤害案件，只汇报犯罪嫌疑人是自己小学老师的事实，没有正式申请回避的做法是错误的。根据《公务员法》第 77 条的规定，公务员有应当回避情形的，本人应当申请回避。所以郭某在工作中若发现了需要回避的情形，除应当如实汇报相关事实外，还应当及时提出回避申请。

最后，郭某上报后，在上级领导没有作出研究决定的情况下，擅自停止本职工作，自行决定交由他人代理的行为是不可取的。根据《公务员法》第 76 条的规定，公务员执行公务时，涉及本人利害关系，或者涉及亲属利害关系，或者有其他可能影响公正执行公务的情形的，应当回避。但是公务员不可以自行决定回避，公务员执行公务过程中若需要回避，可以由本人或者利害关系人提出回避申请，或者主管领导提出回避要求，由公务员所在机关审查后作出是否回避的决定，特殊情况下，所在机关可以直接作出回避决定。本案中，郭某所在单位并没有向郭某作出回避决定，在此之前郭某不得暂停履行工作职责，更不得擅自将工作交由他人代劳。

8 公务员如不遵守回避规定，会受到什么处罚？

情景再现

陈某是某市市场监督管理局局长。陈某的外甥女李某在公务员考试中被招录到了陈某的单位。在一次家庭聚会中，李某向陈某提出想要去财务科担任出纳一职。家里的其他亲戚私下劝阻陈某，希望陈某不要答应李某的要求，因为陈某担任领导职务，若李某再负责财务工作，这样不符合规定，会产生不良影响。但是陈某经不住李某的多次请求，还是安排李某到财务科工作。没想到李某在工作没多久就私自挪用了单位的备用金，被侦查机关立案侦查。陈某会受到什么处分？

法律分析

依据《公务员回避规定》第 16 条的规定，对拟进入机关的人员和拟晋升、转任等的人员，应当依据本规定加强事前提醒、严格审查把关，根据需要提前调整，避免形成回避关系。依据《公务员回避规定》第 17 条的规定，公务员应当及时主动报告需要回避的情形。有需要回避的情形不及时报告或者故意隐瞒的，应当区分不同情况，予以批评教育、责令检查、诫勉、组织调整或者组织处理；影响公正执行公务，造成不良后果的，应当给予相应处分。《公务员回避规定》在事前严防形成回避关系，事中要求及时主动汇报需要回避的情形，违反回避规定的，事后给予相应处分。

本案陈某安排李某在财务科工作违反了《公务员法》的任职回避规定，陈某作为单位负责人，是不能安排与其有三代以内旁系血亲关系的李某在财务科工作的。陈某作为市场监督管理局局长，不主动避免与李某形成回避关系，明知不应当安排自己的外甥女李某在财务科工作，还故意为之，在此过程中存在侥幸心理，不及时、主动汇报相关情况，最终造成不良后果，严重违反回避规定。

依据《行政机关公务员处分条例》第 19 条的规定，违反规定应当回避而不回避，影响公正执行公务，造成不良后果的，给予警告、记过或者记大过处分；情节较重的，给予降级或者撤职处分；情节严重的，给予开除处分。陈某明知不能为而为之，致使李某挪用单位的备用金，已经造成了不良后果，而且情节比较严重，可以给予陈某降级或者撤职处分。

第五节　公务员处分

1 公务员受处分后对个人晋升、待遇等会产生怎样的影响?

情景再现

周某是一名国家工作人员，工作多年也没有升迁的机会，心中一直闷闷不乐。为了排遣心中的烦恼，周某经常邀约好友打牌，开始只是小打小闹，输赢也就百十元钱。后来周某越来越上瘾，直接到别人开设的赌场参赌，被公安民警抓获后，受到了治安处罚。周某的单位知道了周某受处罚的情况也给予周某记大过处分。周某懊悔不已，更觉晋升无望。

法律分析

依据《公职人员政务处分法》第 19 条的规定，公务员以及参照《公务员法》管理的人员在政务处分期内，不得晋升职务、职级、衔级和级别；其中，被记过、记大过、降级、撤职的，不得晋升工资档次。被撤职的，按照规定降低职务、职级、衔级和级别，同时降低工资和待遇。但是需要特别指出的是，有违法违纪行为应当受到处分的行政机关公务员，在处分决定机关作出处分决定前已经退休的，不再给予处分。但是，依法应当给予降级、撤职、开除处分的，应当按照规定相应降低或者取消其享受的待遇。

本案中，周某受到了记大过处分。记大过的处分期间为18个月。也就是说周某从记大过处分决定下达次日起不得晋升职务和级别，不得晋升工资档次。处分期满后，应当对周某解除处分。

2 公务员主动向组织交代个人组织或者参加非法组织的行为，应当受到怎样的处罚？是否可以减轻处罚？

情景再现

李某是某市法制办的工作人员，但是却误入邪教“太阳教”，经常在网上搜寻“太阳教”的讲义、视频学习。幸亏李某的爱人发现及时，经常做李某的思想工作，并找来资料证明“太阳教”就是一个非法组织。李某幡然悔悟，不仅主动向单位汇报自己参与“太阳教”的事情，还向单位交代了自己的上线并提供了非法网站的详细信息，帮助公安机关捣毁“太阳教”在本地的分支机构。李某应当受到怎样的处罚？

法律分析

依据《公职人员政务处分法》第28条的规定，参加非法组织的，予以记过或者记大过处分；情节较重的，予以降级或者撤职处分；情节严重的，予以开除处分。

本案中李某参加了非法组织“太阳教”，理应给予记过或者记大过处分。但是，李某参加非法组织仅仅是在网上学习视频和教义，并没有造成其他严重后果和恶劣影响。同时李某在醒悟后也主动向单位进行汇报，帮助捣毁了邪教在本地的分支机构。依据《公职人员政务处分法》第11条的规定，行政机关公务员若存在主动交代本人应当受到政务处分的违法行为；配合调查，如实说明本人违法事实；检举他人违纪违法行为，经查证属实；主动采取措施，有效避免、挽回损失或者消除不良影响；在共同违法行为中起次要或者辅助作用；主动上交或者退赔违法所得等情形之一的，可以从轻或者减轻给予政务处分。李某具备多项可以从轻或者减轻处分的情节。同时依据《公职人员政务处分法》第12条的规定，公职人员违法行为情节轻微，且具有该法第11条规定的情形之一的，可以对其进行谈话提醒、批评教育、责令检查或者予以诫勉，免予或者不予政务处分。

故此，结合李某的实际情况可以对李某减轻一个处分档次，即给以记过处分，或者只进行批评教育等而免予或者不予政务处分。

3 公务员拒不执行上级依法作出的决定、命令的，应当受到什么处分？

情景再现

陈某在市自然资源和规划局稽查科工作，主要负责违规建筑的发现与处理工作。某日局里接到群众举报，称有人违规建设房屋。接到举报的工作人员立即将此信息反映给稽查科。稽查科科长随即命令陈某前往现场查看。但是陈某接到命令之后，因为私事并没有前往现场，最终造成违建房屋拔地而起。陈某应当受到怎样的处罚？

法律分析

公务人员在履行职务的过程中，一定要服从上级的命令，这是公务人员应当具备的纪律素质。公务员如果认为上级的命令有误，可以向上级提出自己的意见，但是如果上级不改变命令，公务员也应当立即遵照执行。如果公务员不执行上级的命令，应当受到相应的处分。

依据《公职人员政务处分法》第30条规定，拒不执行或者变相不执行、拖延执行上级依法作出的决定、命令的，予以警告、记过或者记大过；情节严重的，予以降级或者撤职处分。

本案中，陈某拒绝执行上级的命令，对此可以给予陈某警告、记过、记大过处分。同时，如果新建的违章建筑引发了后续严重的问题，可以给予陈某降级或者撤职处分。

4 监察机关未经调查，直接对涉嫌违纪的公务员作出处分决定，是否正确?

情景再现

武某是某县政府综合治理办公室副主任。近日，县政府的群众信访部门经常接到针对武某的信访投诉材料。材料中称武某身为政府工作人员，借钱不还，不履行法院的生效文书，已经被列为失信人员，上了“黑名单”。并且群众多次来访，质问像武某这样的失信人员为什么仍然可以在县政府工作。监察机关未经调查，直接对武某下达处分决定。

法律分析

依据《公职人员政务处分法》第 42 条的规定，监察机关对涉嫌违法的公职人员进行调查，应当由 2 名以上工作人员进行。监察机关进行调查时，有权依法向有关单位和个人了解情况，收集、调取证据。有关单位和个人应当如实提供情况。《公职人员政务处分法》第 43 条规定，作出政务处分决定前，监察机关应当将调查认定的违法事实及拟给予政务处分的依据告知被调查人，听取被调查人的陈述和申辩，并对其陈述的事实、理由和证据进行核实，记录在案。被调查人提出的事实、理由和证据成立的，应予采纳。《公职人员政务处分法》第44条规定，调查终结后，监察机关应当根据下列不同情况，分别作出处理：（1）确有应受政务处分的违法行为的，根据情节轻重，按照政务处分决定权限，履行规定的审批手续后，作出政务处分决定；（2）违法事实不能成立的，撤销案件；（3）符合免予、不予政务处分条件的，作出免予、不予政务处分决定；（4）被调查人涉嫌其他违法或者犯罪行为的，依法移送主管机关处理。

对涉嫌违法违纪的行政机关公务员的调查、处理，必须按照法定程序进行。监察机关要由2名以上工作人员对违法违纪的行政机关公务员进行调查。在监察机关拟作出处分决定前，被调查人有陈述和申辩的权利。调查终结后，被调查人确需被处分的，也应当在履行规定的审批手续后作出处分决定。本案中，监察机关不经调查，剥夺武某的陈述、申辩的权利对其直接处分是违反程序性规定的。

5 公务员对于处分决定不服，应当怎么办？

情景再现

金某是房管局的一名公务员，负责在行政审批大厅内为群众处理有关房产证的事项。一次，一位老大爷想要查询某一房产的信息，因为手续不齐全，被金某告知不予办理。但因为大爷年龄比较大，记不清楚应当准备的材料名称，就反复多次向金某询问。金某先是极不耐烦地回答了大爷的问题，后来干脆置之不理。大爷很是气愤，直接向金某的领导投诉。领导表示如果情况属实，一定处分金某。金某如果受到处分并对处分不服，应当如何处理？

法律分析

《公职人员政务处分法》第 55 条规定，公职人员对监察机关作出的涉及本人的政务处分决定不服的，可以依法向作出决定的监察机关申请复审；公职人员对复审决定仍不服的，可以向上一级监察机关申请复核。监察机关发现本机关或者下级监察机关作出的政务处分决定确有错误的，应当及时予以纠正或者责令下级监察机关及时予以纠正。

本案中，金某对待大爷的态度恶劣，工作态度不端正，背离了公务人员应当尽心竭力为人民服务的宗旨，应当受到批评教育甚至是处分。但是即便如此，如果金某受到监察机关的处分，也应当有救济途径。法律赋予了金某申请复审与复核的权利。并且监察机关不得因金某提出复审、复核而加重对金某的处分。与此同时，复审、复核期间不停止处分的执行。

6 公务员受到警告处分后，还能晋升工资档次吗?

情景再现

杜某是家里的独生子女，学习成绩优异，大学毕业后考入家乡税务局。工作后不久，杜某与单位同事结婚，组建了自己的小家庭，生活幸福美满。因杜某的丈夫也是独生子女，随着双方老人年龄渐长，又经常生病，杜某与丈夫在赡养老人方面压力逐渐增大。由于杜某的婆婆最终瘫痪在床，杜某实在无法忍受无休止的照顾，不顾丈夫的反对强行将婆婆送往丈夫的妹妹家里，也不允许丈夫再过问婆婆的事情。最终，杜某因拒不承担赡养义务而受到警告处分。

法律分析

赡养老人是中华民族的传统美德，是子女应尽的义务。国家公务人员更应当赡养老人，如果公务员不赡养老人不仅会受到法律制裁，工作单位也会对违反规定的公务员进行处分。《公职人员政务处分法》第40条规定，拒不承担赡养、抚养、扶养义务的，予以警告、记过或者记大过；情节较重的，予以降级或者撤职；情节严重的，予以开除。本案中，杜某受到警告处分，处分期限为6个月。处分期间内，不得晋升职务和级别，但是不影响晋升工资档次。依据《公职人员政务处分法》第19条的规定，公务员以及参照《公务员法》管理的人员在政务处分期内，不得晋升职务、职级、衔级和级别；其中，被记过、记大过、降级、撤职的，不得晋升工资档次。虽然工资档次的晋升可以帮助杜某缓解生活压力，但是对于杜某来说最重要的是要在思想上认识到赡养老人是为人子女应尽的法定义务，若杜某仍不悔改，还可能受到更为严厉的处分。

7　公务员解除处分后，是否意味着可以恢复原职？

情景再现

某市公安干警在一次扫黄打非活动中，在一家歌舞厅内抓获了多名正在进行卖淫嫖娼的人员。警察将这些现场抓获的人带到公安局审讯。在审讯过程中发现嫖客之一邓某是林业局副局长。公安机关将此事通知了邓某所在的单位。邓某在被公安机关处罚后，又被撤职。如果邓某的撤职处分被解除，是否可以恢复原职？

法律分析

被采取撤职处分的公务人员，受处分期限为24个月，依据《公职人员政务处分法》第26条的规定，公职人员受到开除以外的政务处分，在政务处分期内有悔改表现，并且没有再发生应当给予政务处分的违法行为的，政务处分期满后自动解除，晋升职务、职级、衔级、级别、岗位和职员等级、职称、薪酬待遇不再受原政务处分影响。但是，解除降级、撤职的，不恢复原职务、职级、衔级、级别、岗位和职员等级、职称、薪酬待遇。

如果公职人员在受到处分之后，认识到行为的危害性，并可以做到在日常的行为中严于律己，不给国家形象抹黑，那么在处分期满之后，应当解除处分。解除处分后，可以继续按照规定晋升工资档次、级别和职务，不再受原处分的影响。但是，本案中，因为邓某是被采取撤职处分，即便处分解除后，也不视为恢复原职务、职级等待遇。

这样做的目的，就是希望通过严厉的打击手段使公务人员认识到嫖娼等违法行为的性质恶劣。通过严厉的打击措施，使公务人员认识到违法行为是万万不能做的。

第六节　公务员考核

1　如何对公务员进行考核？

情景再现

张某作为新入职的公务员，在经历入职培训以及试用期考核合格后，转正成为一名正式的公务员。随着工作的推进，张某发现自己每年都要经历一次年度定期考核，以及其他不定期的考核。并且张某发现自己主管领导的考核形式也不太一样，为此张某很是迷惑。

法律分析

公务员考核坚持客观公正、注重实绩的原则，实行领导与群众相结合，平时与定期相结合，定性与定量相结合的方法，按照规定的权限、条件、标准和程序进行。

根据《公务员法》第5条、第36条的规定，公务员的考核分为平时考核、专项考核和定期考核：（1）平时考核是对公务员日常工作和一贯表现所进行的经常性考核，一般按照个人小结、审核评鉴、结果反馈等程序进行。（2）专项考核是对公务员完成重要专项工作，承担急难险重任务和关键时刻的政治表现、担当精神、作用发挥、实际成效等情况所进行的针对性考核，可以按照了解核实、综合研判、结果反馈等程序进行，或者结合推进专项工作灵活安排。（3）定期考核采取年度考核的方式，是对公务员一个自然年度内总体表现所进行的综合性考核，在每年年末或者翌年年初进行。非领导成员公务员的定期考核采取年度考核的方式。先由个人按照职位职责和有关要求进行总结，主管领导在听取群众意见后，提出考核等次建议，由本机关负责人或者授权的考核委员会确定考核等次。领导成员的考核由主管机关按照有关规定办理。

2 划分公务员考核结果的标准是什么？

情景再现

丁某从小品学兼优，大学毕业后以优异的成绩考入省政府办公厅工作。丁某入职后一直努力工作，经常得到领导的赞许。但是在年终定期考核中，丁某的同科室人员都被评定为称职，只有丁某被评定为基本称职。那么划分公务员考核结果的依据是什么呢？

法律分析

依据《公务员法》第35条、《公务员考核规定》第4条的规定，公务员的考核应当按照管理权限，全面考核公务员的德、能、勤、绩、廉，重点考核政治素质和工作实绩。考核指标根据不同职位类别、不同层级机关分别设置。（1）德，全面考核政治品质和道德品行，重点了解学习贯彻习近平新时代中国特色社会主义思想，坚定理想信念，坚守初心使命，忠于宪法、忠于国家、忠于人民，增强“四个意识”、坚定“四个自信”、做到“两个维护”的情况；带头践行社会主义核心价值观，恪守职业道德，遵守社会公德、家庭美德和个人品德等情况。（2）能，全面考核适应新时代要求履职尽责的政治能力、工作能力和专业素养，重点了解政治鉴别能力、学习调研能力、依法行政能力、群众工作能力、沟通协调能力、贯彻执行能力、改革创新能力、应急处突能力等情况。（3）勤，全面考核精神状态和工作作风，重点了解忠于职守，遵守工作纪律，爱岗敬业、勤勉尽责，敢于担当、甘于奉献等情况。（4）绩，全面考核坚持以人民为中心，依法依规履行职位职责、承担急难险重任务等情况，重点了解完成工作的数量、质量、效率和所产生的效益等情况。（5）廉，全面考核遵守廉洁从政规定，落实中央八项规定及其实施细则精神等情况，重点了解秉公用权、廉洁自律等情况。

本案中，丁某虽然工作能力很强，但是想要在定期考核中被评定为称职，需要在德、能、勤、绩、廉等方面都达到相关要求才可行。仅仅是工作能力突出而其他方面未达标同样有可能被评定为不称职。所以公务员想要在考核中取得好结果，就需要在日常工作中坚定理想信念、清正廉洁、勤政为民、踏踏实实做事。

3 公务员的定期考核结果为称职以上，对公务员的职务、工资、培训会有怎样的影响？

情景再现

陈某进入公务员系统工作后得知每年都会有定期考核，并且定期考核与个人的晋升和工资等都有密切的联系。为此，陈某努力工作，终于在年底定期考核中被评定为称职。但是随后陈某发现自己的工资以及级别并没有什么变化。陈某如果想要进一步提升工资和级别需要怎么做呢？

法律分析

定期考核的结果是调整公务员职位、职务、职级、级别、工资以及公务员奖惩、培训、辞退的依据。定期考核以平时考核、专项考核为基础。定期考核的结果分为优秀、称职、基本称职和不称职四个等次。依据《公务员考核规定》第 20 条规定，公务员年度考核被确定为称职以上等次的，按照下列规定办理：（1）累计 2 年确定为称职以上等次的，在所定级别对应工资标准内晋升一个工资档次。（2）累计 5 年确定为称职以上等次的，在所任职务职级对应级别范围内晋升一个级别。（3）本考核年度计算为晋升职务职级的任职年限，同时符合规定的其他任职资格条件的，具有晋升职务职级的资格。（4）享受年度考核奖金。

本案中，陈某想要通过定期考核提升工资，最起码要累计 2 年被确定为称职以上等次。陈某想要通过定期考核提升级别，需要累计 5 年被确定为称职以上等次，才能在所任职务对应级别范围内晋升一个级别。

4　公务员被评定为基本称职或者不称职将面临怎样的后果？

情景再现

陆某在政府机关工作，再过几年就要退休了。陆某越来越散漫，面对工作常常草草了事，并且经常迟到、早退。身边的同事都看不惯陆某的行为。陆某不以为然，认为自己快要退休了，领导也不会对自己怎么样，依然我行我素。最终陆某在年终定期考核中被评定为不称职。等待陆某的会是什么后果呢？

法律分析

《公务员考核规定》第 9 条规定，基本称职是指公务员思想政治素质一般；履行职责的工作能力较弱；责任心一般，工作消极，或工作作风方面存在明显不足；能基本完成本职工作，但完成工作的数量不足、质量和效率不高，或在工作中有较大失误；能基本做到廉洁自律，但某些方面存在不足。《公务员考核规定》第 10 条规定，公务员存在思想政治素质较差；业务素质和工作能力不能适应工作要求；责任心缺失，工作不担当、不作为，或者工作作风差；不能完成工作任务，或在工作中因严重失误、失职造成重大损失或者恶劣社会影响；存在不廉洁问题，且情形较为严重等情形的应确定为不称职等次。

公务员被确定为基本称职等次的，会被诫勉谈话，并限期改进，同时本考核年度不计算为按年度考核结果晋升级别和级别工资档次的考核年限，且下一年内不得晋升职务，不享受年度考核奖金。公务员被确定为不称职等次的，会被降低一个职务层次任职，同时本考核年度不计算为晋升职务职级的任职年限，不计算为按年度考核结果晋升级别和级别工资档次的考核年限，以及不享受年度考核奖金。如果公务员连续两年年度考核被确定为不称职等次的，予以辞退。

本案中，陆某会被降低一个职务层次任职，同时本考核年度不计算为晋升职务职级的任职年限，不计算为按年度考核结果晋升级别和级别工资档次的考核年限，以及不享受年度考核奖金。如果陆某不改变工作态度，连续两年年度考核被确定为不称职等次的，即便快要退休也会被辞退。

第七节　公务员奖励

1 公务员或者公务员集体具备怎样的条件可以获得奖励?

情景再现

某年南方发生特大暴雨，某县位于长江沿岸，当地水位不断上涨，随时都有溃坝的风险。某县水务局局长黎某被临时任命为防汛指挥部总指挥。黎某全身心投入到抢险救灾工作中，不仅积极部署防汛计划，还投身抢险救灾一线。整个汛期，黎某从未下过一线，抢险官兵在哪里，黎某就在哪里。在黎某等同志的共同努力下，大大减少了人员伤亡和财产损失。黎某是否具备获得奖励的资格?

法律分析

公务员奖励，是指对政治素质过硬，工作表现突出，有显著成绩和贡献，或者有其他突出事迹的公务员、公务员集体，给予的奖励。公务员奖励坚持定期奖励与及时奖励相结合，精神奖励与物质奖励相结合、以精神奖励为主的原则。

《公务员法》第52条规定："公务员或者公务员集体有下列情形之一的，给予奖励：（一）忠于职守，积极工作，勇于担当，工作实绩显著的；（二）遵纪守法，廉洁奉公，作风正派，办事公道，模范作用突出的；（三）在工作中有发明创造或者提出合理化建议，取得显著经济效益或者社会效益的；（四）为增进民族团结，维护社会稳定做出突出贡献的；（五）爱护公共财产，节约国家资财有突出成绩的；（六）防止或者消除事故有功，使国家和人民群众利益免受或者减少损失的；（七）在抢险、救灾等特定环境中做出突出贡献的；（八）同违纪违法行为作斗争有功绩的；（九）在对外交往中为国家争得荣誉和利益的；（十）有其他突出功绩的。"

本案中，黎某作为领导干部不仅统筹安排还奔赴抢险一线，不顾劳累连续奋战，保卫人民群众的生命财产安全，符合《公务员法》第52条规定的在抢险、救灾等特定环境中做出突出贡献应当受到奖励的条件。

2　公务员的奖励依据什么评选产生?

情景再现

陈某在观看影视剧的时候经常看到公务员系统的人员被表彰，有的给予嘉奖，有的给予记功。陈某虽然也是公务员系统中的一员，但是对于达到怎样的标准给予荣誉称号，达到怎样的标准给予记功，陈某不是很了解。那么公务员的奖励依据什么标准产生呢?

法律分析

对公务员的奖励分为：嘉奖、记三等功、记二等功、记一等功、授予称号。《公务员奖励规定》第 6 条规定，（1）对表现突出的，给予嘉奖；（2）对做出较大贡献的，记三等功；（3）对做出重大贡献的，记二等功；（4）对做出杰出贡献的，记一等功；（5）对功绩卓著的，授予“人民满意的公务员”“人民满意的公务员集体”等称号。依据《公务员奖励规定》第 10 条规定，应当按照以下标准给予公务员奖励：首先，给予嘉奖和记三等功的奖励，一般结合年度考核进行。对年度考核被确定为优秀等次的公务员，予以嘉奖，连续 3 年被确定为优秀等次的，记三等功。授予称号，一般每 3 年至 5 年开展一次。其次，对在处理突发事件和承担专项重要工作中做出显著成绩的，应当及时给予奖励。奖励种类和数量根据相关工作重要程度和成效、参与工作人员贡献和数量等因素确定。由此可以看出，我国对公务员的奖励是有据可循，而不是随意而为的。

3 公务员、公务员集体能否因同一事由获得多次奖励？

情景再现

马某是某市税务机关的一名税务稽查员。马某工作认真负责，不仅上班兢兢业业，而且经常利用下班时间到辖区的公司、企业走访调查。马某在走访一家房地产开发企业时发现该企业不仅违规加盖楼层，而且隐瞒营收所得。得益于马某的调查，该市城市规划建设部门对该房地产开发企业进行了处罚，房地产开发企业也补缴了税款。为此，上级税务税务机关对马某进行了奖励，那么马某的单位还可以对他进行奖励吗？

法律分析

《公务员奖励规定》并没有对公务员因同一事由获得多次奖励进行禁止性规定，换言之，公务员可以在上级单位给予奖励之后，再获得本单位的奖励。但是，《公务员奖励规定》第12条规定，对获得奖励的公务员，按照规定标准给予一次性奖金。《公务员奖励规定》第18条规定，各地区各部门不得自行设立本规定之外的其他种类的公务员奖励，不得违反规定标准发放奖金，不得重复发放奖金。所以即便公务员可以因一事获得两次奖励，但是也不得因一事获得两次奖励而获取两份奖金待遇。

奖励是对公务员工作的肯定，是一种至高无上的荣誉，适当的奖励有利于激发公务员的工作热情，调动公务员工作的积极性，但是重复的物质奖励不仅降低奖励的含金量，而且也会造成浪费。重复的物质奖励有违公务员奖励制度以精神奖励为主的原则。

本案中，马某已经获得上级税务机关的奖励，不排除马某可以因同一事由再次获得本单位的奖励可能性，但是因奖励马某给付的奖金待遇只能有一次。规范的奖励制度，有助于鼓励更多的工作人员踏实上进。

4 公务员受到刑事处罚之后，之前获得的奖励是否会被撤销？

情景再现

张某从部队转业后被分配到某市粮食局工作。张某从一名科员做起，一步一步、脚踏实地直至升任粮食局副局长一职。在任期间，张某获得了众多荣誉和奖励。但是，张某在临近退休时被侦查机关发现有渎职行为，被移送检察院审查起诉，最终法院以玩忽职守罪判处张某有期徒刑。张某所在的粮食局为此撤销了张某的所有奖励，那么粮食局是否有权撤销张某所获得的奖励？

法律分析

《公务员法》第56条规定，公务员或者公务员集体有严重违纪违法等行为，影响称号声誉的，撤销奖励。《公务员奖励规定》第19条规定，公务员、公务员集体获得荣誉称号后，有严重违纪违法等行为，影响称号声誉的，应当撤销奖励。由此可见，公务员在获得奖励之后，发生法定撤销奖励的事由之后，有权机关是可以撤销公务员的奖励的。之所以如此规定，一是激励公务员长期保持积极向上的工作与生活作风；二是防止公务员在获得奖励之后产生骄傲自满的心理，降低对自我的要求。

本案中张某虽然任劳任怨工作直至升任粮食局副局长，但在后期放松了对自己的要求，触犯了《刑法》，已经构成犯罪。张某的犯罪行为比一般的违纪违法行为的影响更为恶劣。因此，粮食局有权撤销授予张某的奖励。

第八节　公务员培训

1 是否所有的公务员都要参加培训?

情景再现

吴某是某县畜牧局的基层公务员，每年都要参加单位组织的培训。后来吴某升任畜牧局综合管理科科长。吴某以为在担任领导干部之后就不用再接受培训了。谁知道刚一上任，单位就通知吴某要参加培训。公务员是否都要接受培训?

法律分析

《公务员培训规定》第6条规定，公务员有接受培训的权利和义务。《公务员培训规定》第7条规定，公务员培训的对象是全体公务员。并且担任县处级以上领导职务的公务员每5年应当参加党校（行政学院）、干部学院，以及经公务员主管部门或者公务员所在机关认可的其他培训机构累计3个月或者550学时以上的培训。提拔担任领导职务的公务员，确因特殊情况在提任前未达到培训要求的，应当在提任后1年内完成培训。其他公务员参加培训的时间一般每年累计不少于12天或者90学时。

由此来看，不仅所有的公务员都要接受培训，而且每年公务员都要接受培训。公务员只有通过不断地学习，才可以与时俱进，不断提高自己的业务水平和业务素质，以便更好地为人民群众服务。

2 公务员培训的种类包括哪些?

情景再现

曹某一毕业就到某市税务局工作，从一名小科员直至晋升为副局长职务。30 年工作生涯中，曹某参加过自己都数不清的各种培训，包括初任培训、任职培训、专门业务培训和在职培训等。每一种培训都针对不同情况，适用于不同时期。考虑到税务机关是专业性要求比较高的单位，如何让那些新入职的工作人员搞清楚各种培训及其内容，是曹某一直在思考的问题。

法律分析

公务员培训主要分为初任培训、任职培训、专门业务培训和在职培训等。

（1）初任培训是对新录用公务员进行的培训，重点提高其思想政治素质和依法依规办事等适应机关工作的能力。初任培训由公务员主管部门统一组织，主要采取公务员主管部门统一举办初任培训班和公务员所在机关结合实际开展入职培训的形式进行。

专业性较强的机关按照公务员主管部门的统一要求，可自行组织初任培训。初任培训应当在试用期内完成，时间一般不少于 12 天。

（2）任职培训是按照新任职务的要求，对晋升领导职务的公务员进行的培训，重点提高其胜任职务的政治能力和领导能力。任职培训应当在公务员任职前或者任职后一年内进行。担任县处级副职以上领导职务的公务员任职培训时间一般不少于 30 天，担任乡科级领导职务的公务员任职培训时间一般不少于 15 天。

（3）专门业务培训是根据公务员从事专项工作的需要进行的专业知识和技能培训，重点提高公务员的业务工作能力。专门业务培训的时间和要求由公务员所在机关根据需要确定。

（4）在职培训是对全体公务员进行的培训，目的是及时学习领会党中央决策部署、提高政治素质和工作能力、更新知识。在职培训重点增强公务员素质能力培养的系统性、持续性、针对性、有效性，时间和要求由各级公务员主管部门和公务员所在机关根据需要确定。

3 公务员不按照规定培训或者培训不合格会产生怎样的后果？

情景再现

周某在某局工作多年，终于获得了晋升的机会，并被安排任职培训。培训期间，周某总是迟到、早退，后来索性直接安排他人代替自己培训。一天，培训老师上课点名的时候，发现周某冒名顶替的事情。周某不按照规定培训会产生怎样的后果？

法律分析

《公务员培训规定》第 18 条规定，没有参加初任培训或者初任培训考核不合格的新录用公务员，不能任职定级。没有参加任职培训或者任职培训考核不合格的公务员，应当根据不同情况，按有关规定处理。专门业务培训考核不合格的公务员，不得从事专门业务工作。公务员因故未按规定参加培训或者未达到培训要求的，应当及时补训。无正当理由不参加培训的公务员，根据情节轻重，给予批评教育、责令检查、诫勉、组织调整或者组织处理、处分。培训考核不合格的，年度考核不得确定为优秀等次。

本案中周某找人冒名顶替自己参加任职培训，可以视情节轻重给予批评教育、责令检查、诫勉、组织调整或者组织处理、处分。

第二章

治安管理处罚法律知识

1 哪些主体违反《治安管理处罚法》应当不予处罚？

情景再现

李某大学毕业之后一直没有找到工作便在社会上游荡。一次偶然的机会，李某认识了某批发市场的张某。张某号称自己是整个批发市场的老大，并声称只要李某跟着自己就不愁吃穿。李某经常跟着张某吃吃喝喝，有时张某在市场上与人发生冲突，李某就帮助张某助威声势。一次，李某醉酒后参与张某等人组织的打架斗殴，在此过程中被公安民警抓获。在李某被公安机关审讯后，拟对李某作出治安拘留 7 天的处罚决定。李某辩称自己是在醉酒状态下参与的违法活动，自己也不知道具体情况，不应当受到处罚。李某的辩解成立吗？

法律分析

依据《治安管理处罚法》第 12 条、第 13 条规定，不满 14 周岁的人违反治安管理的，不予处罚。精神病人在不能辨认或者不能控制自己行为的时候违反治安管理的，不予处罚。依据

《治安管理处罚法》第 14 条规定，盲人或者又聋又哑的人违反治安管理的，可以从轻、减轻或者不予处罚。此外，不满 14 周岁的人的监护人应当对被监护人严加管教。违法精神病人的监护人应当对被监护人严加看管和治疗。不满 14 周岁的人以及行为时不能控制自己行为的精神病人是我国法律明确规定不予治安处罚的主体。盲人或者又聋又哑的人视情况可以不予治安处罚。

依据《治安管理处罚法》第 19 条规定，情节特别轻微；主动消除或者减轻违法后果，并取得被侵害人谅解的；出于他人胁迫或者诱骗的；主动投案，向公安机关如实陈述自己的违法行为的；有立功表现的，减轻处罚或者不予处罚。也就是说一般主体虽然违法，但是情节轻微并具有《治安管理处罚法》第 19 条规定的若干情形之一的，可以不予治安处罚。

但是醉酒不是免予治安处罚的情形。《治安管理处罚法》第 15 条明确规定，醉酒的人违反治安管理的，应当给予处罚。醉酒的人在醉酒状态中，对本人有危险或者对他人的人身、财产或者公共安全有威胁的，应当对其采取保护性措施约束至酒醒。本案中，李某在醉酒状态下参与违法活动，应受治安处罚。

2 公安机关传唤违法行为人接受调查的程序性规定有哪些？

情景再现

李某大学毕业之后，不学无术，还染上了毒瘾，被强制戒毒了几次，仍然没有戒除毒瘾。一日，李某被群众举报此时正在家中吸毒。民警接到举报后立即前往现场，向李某出示证件后口头传唤李某接受检查与询问。李某情绪十分激动，叫嚣着民警没有传唤手续，没有权力把自己带回公安局。

法律分析

《治安管理处罚法》第 82 条规定，需要传唤违反治安管理行为人接受调查的，经公安机关办案部门负责人批准，使用传唤证传唤。对现场发现的违反治安管理行为人，人民警察经出示工作证件，可以口头传唤，但应当在询问笔录中注明。公安机关应当将传唤的原因和依据告知被传唤人。对无正当理由不接受传唤或者逃避传唤的人，可以强制传唤。《治安管理处罚法》第 83 条规定，对违反治安管理行为人，公安机关传唤后应当及时询问查证，询问查证的时间不得超过 8 小时。情况复杂、依照该法规定可能适用行政拘留处罚的，询问查证的时间不得超过24小时。公安机关应当及时将传唤的原因和处所通知被传唤人家属。

公安机关传唤违法行为人，具备条件的应当使用传唤证。如情况紧急需要现场传唤的，也应当出示工作证件，并在询问笔录中注明。违法行为人被传唤，公安机关对其询问的时间最长不得超过24小时。

本案中，李某在家中吸毒被举报，情况较为紧急，民警可以出示证件后传唤李某。如果李某无正当理由拒不配合且因为吸毒有过激行为，人民警察可以强制传唤李某。

3 人民警察可以因情势紧急持工作证件检查公民住所吗?

情景再现

两名民警在巡逻过程中发现一名男子形迹可疑，有盗窃自行车的嫌疑，遂将该男子口头传唤至公安机关进行询问。该刘某男子否认实施了盗窃行为，为查清事实，进一步固定证据，民警决定对刘某的居所进行检查。两名民警持工作证，在见证人的见证下，对刘某的居所进行了检查，搜出了涉案赃物。公安机关对刘某进行了治安处罚。刘某不服，以公安机关检查时无检查证明文件，系程序违法为由提起了行政复议。

法律分析

《治安管理处罚法》第 87 条规定，公安机关对与违反治安管理行为有关的场所、物品、人身可以进行检查。检查时，人民警察不得少于 2 人，并应当出示工作证件和县级以上人民政府公安机关开具的检查证明文件。对确有必要立即进行检查的，人民警察经出示工作证件，可以当场检查，但检查公民住所应当出示县级以上人民政府公安机关开具的检查证明文件。

本案中，不论情况多么紧急，公安机关未持有县级以上人民政府公安机关开具的检查证明文件，就对刘某的住所进行检查，即便有见证人在场也是违反治安处罚的程序性规定的。刘某就此提出行政复议或是行政诉讼，公安机关的处罚决定有可能会被撤销。

4　派出所可以对违法行为人作出哪些处罚决定？

情景再现

郭某自己开了一家 KTV，并在 KTV 里组织淫秽表演，吸引顾客。在一次突击检查中，派出所民警将 KTV 中正在进行淫秽表演的人员及郭某抓了个现行。民警将郭某带回派出所审问后，郭某承认了自己的违法行为。派出所对郭某作出了拘留 15 日的处罚决定。派出所民警的行为合法吗?

法律分析

派出所是公安机关的派出机关，不是独立的行政主体，只有在有法律明确授权的情况下，才能作出相应的处罚决定。依据《治安管理处罚法》第91条的规定，治安管理处罚由县级以上人民政府公安机关决定，其中只有警告、500元以下的罚款可以由公安派出所决定。

本案中，派出所对郭某作出拘留处罚决定是超越权限的违法行政行为。

5 公安机关作出治安管理处罚决定前，是否应当告知违法行为人应当享有的权利，并听取违法行为人的意见?

情景再现

王某之父王某某因故与李某发生纠纷。其后，李某到某县公安局报案，称其被王某及王某某打伤。李某的伤情经法医鉴定构成轻微伤。某县公安局经调查后，对王某及王某某直接作出处罚决定：给予王某行政拘留10日，给予王某某罚款200元。王某及王某某不服该处罚决定，向某县公安局辩称李某的伤情系其自己造成的，某县公安局又以两人态度不好为由，变更原处罚决定为：给予王某行政拘留15日，给予王某某罚款500元。

法律分析

《治安管理处罚法》第94条规定，公安机关作出治安管理处罚决定前，应当告知违反治安管理行为人作出治安管理处罚的事实、理由及依据，并告知违反治安管理行为人依法享有的权利。违反治安管理行为人有权陈述和申辩。公安机关必须充分听取违反治安管理行为人的意见，对违反治安管理行为人提出的事实、理由和证据，应当进行复核，违反治安管理行为人提出的事实、理由或者证据成立的，公安机关应当采纳。公安机关不得因违反治安管理行为人的陈述、申辩而加重处罚。

本案中，某县公安局在作出处罚决定前，没有告知王某和王某某作出治安管理处罚的事实、理由及依据和依法享有的权利，在王某和王某某申辩后，某县公安局又加重了对二人的处罚。某县公安局的行为违反法律的规定，依法应当撤销。

6 何种情况下，人民警察可以当场作出治安管理处罚决定，并应当履行怎样的告知程序?

情景再现

李某与王某同住一个小区。某日李某在小区内遛弯时被王某的狗咬伤。王某不仅没有任何歉意，还态度蛮横地责怪李某不小心。为此李某和王某发生争吵，并造成小区道路阻塞。小区内的其他住户怕事态恶化便报了警。民警赶来后，两人表示各自都存在问题，同意接受处罚。公安机关的民警经过调查后，当场对李某和王某作出了处罚决定。

法律分析

《治安管理处罚法》第100条规定，违反治安管理行为事实清楚，证据确凿，处警告或者200元以下罚款的，可以当场作出治安管理处罚决定。《治安管理处罚法》第101条规定，当场作出治安管理处罚决定的，人民警察应当向违反治安管理行为人出示工作证件，并填写处罚决定书。处罚决定书应当当场交付被处罚人。有被侵害人的，并将决定书副本抄送被侵害人。当场作出治安管理处罚决定的，经办的人民警察应当在24小时内报所属公安机关备案。

当场作出处罚决定的也应当填写处罚决定书，并且处罚决定书应当载明被处罚人的姓名、违法行为、处罚依据、罚款数额、时间、地点以及公安机关名称，并由经办的人民警察签名或者盖章。

本案中，因李某和王某对事实均没有异议，只要民警的处罚内容以及处罚程序合法，可以当场下达处罚决定。

7　何种情形下，人民警察可以当场收缴罚款？

情景再现

张某和刘某是某超市的日用品销售员，两个一直存在竞争关系，所以关系一直不是很好。一日，两人因为向顾客推销自己负责品牌的产品发生口角。在争吵的过程中两人开始推搡，引来很多人围观。随后有人报警，警察到来之后进行了调查，张某和刘某对自己的行为供认不讳。警察考虑到两人的态度比较端正，且没有造成严重后果，决定当场对两人各罚款100元，并要求两人现场缴纳。

法律分析

依据《治安管理处罚法》第104条规定，受到罚款处罚的人应当自收到处罚决定书之日起15日内，到指定的银行缴纳罚款。但是，有下列情形之一的，人民警察可以当场收缴罚款：(1）被处50元以下罚款，被处罚人对罚款无异议的；(2）在边远、水上、交通不便地区，公安机关及其人民警察依照该法的规定作出罚款决定后，被处罚人向指定的银行缴纳罚款确有困难，经被处罚人提出的；(3）被处罚人在当地没有固定住所，不当场收缴事后难以执行的。

本案中，因为争议双方对案件事实以及处罚均没有异议，民警当场作出处罚的决定并没有任何问题，但是因为处罚的内容是罚款 100 元，超出了法律规定的应当当场收缴的罚款额度。所以，当场收缴 100 元罚款属于违法处罚决定。

8 被处罚人不服处罚决定的，有哪些救济途径？

情景再现

某县公安局对陈某作出行政处罚决定书。处罚书载明：某年某月某日上午，陈某与王某两家因纠纷，陈某即用锄把、钩担等殴打王某，致王某身体多处损伤，据此对陈某做出拘留 15 日，并处罚款 1000 元的治安行政处罚。陈某不服并申请复议，后某市公安局对某县公安局的处罚决定作出复议决定，维持处罚决定。陈某不服，诉至某县人民法院。

法律分析

依据《治安管理处罚法》第 102 条的规定，被处罚人对治安管理处罚决定不服的，可以依法申请行政复议或者提起行政诉讼。治安管理处罚作为一种行政权，在公安机关和人民警察行使这种权力的时候，难以避免会产生个别违法或者不当的处罚决定，这些违法或者不当的处罚决定会对被处罚人的权利造成损害。因此，被处罚人对治安管理处罚决定不服的，可以依法申请行政复议。根据《行政复议法》的规定，对治安管理处罚决定不服的申请行政复议的程序主要包括以下内容：被处罚人可以自收到处罚决定书之日起 60 日内提出行政复议申请。被处罚人申请行政复议，可以书面申请，也可以口头申请。口头申请的，行政复议机关应当当场作出记录。对公安机关的治安管理处罚决定不服的，被处罚人可以选择向本级人民政府申请行政复议，或者向上一级公安机关申请行政复议。对公安派出所作出的治安管理处罚决定不服的，应向设立该公安派出所的公安机关申请行政复议。

被处罚人对治安管理处罚决定不服的，可以依法向人民法院提起行政诉讼。根据《行政诉讼法》的规定，被处罚人对公安机关作出的治安管理处罚决定不服的，可以先向行政机关申请复议，对复议决定不服的，再向人民法院提起诉讼，也可以直接向人民法院提起诉讼。被处罚人不服复议决定的，可以在收到复议决定书之日起 15 日内向人民法院提起诉讼。复议机关逾期不作决定的，申请人可以在复议期满之日起 15 日内向人民法院提起诉讼。被处罚人直接向人民法院提起诉讼的，应当自收到治安管理处罚决定书之日起 6 个月内提出。

本案中，陈某对县公安局的处罚决定不服，可以依法向县公安局的上级机关市公安局申请行政复议，对行政复议的结果不服，可以依法向人民法院提起行政诉讼。

第三章

行政处罚法律知识

1 受委托实施行政处罚的组织必须满足什么条件？

情景再现

刘某等三人成立了一个副食品协会，并将该社会组织在民政局注册。后来，该市市场监督管理局将该市辖区内部分小型超市、副食品代销等监管、处罚权力委托给刘某成立的副食品协会。该市市场监督管理局的做法正确吗？

法律分析

一般情况下，只有行政处罚权的行政机关才能实施行政处罚，有行政处罚权的行政机关是由国家法律或行政法规规定的，这些行政机关具有与其管理对象相适应的行政处罚权；而且要在法定的范围内实施，不同的行政机关有不同的职权范围。《行政处罚法》第20条规定，行政机关依照法律、法规或者规章的规定，可以在其法定权限内书面委托符合该法第21条规定条件的组织实施行政处罚。第21条规定，受委托组织必须符合以下条件：（1）依法成立并具有管理公共事务职能；（2）有熟悉有关法律、法规、规章和业务并取得行政执法资格的工作人员；（3）需要进行技术检查或者技术鉴定的，应当有条件组织进行相应的技术检查或者技术鉴定。因此，只有符合上述条件的组织才能在设备、技术、人才管理上严谨有效地实施行政处罚。

特别需要注意的是，行政机关只能依法在其法定权限内书面委托符合条件的组织实施行政处罚。行政机关的委托书应当载明委托的具体事项、权限、期限等内容。委托行政机关和受委托组织应当将委托书向社会公布。行政机关进行委托必须有法律、法规或规章的明文规定。受委托实施行政处罚的组织在委托范围内，以委托的行政机关名义实施行政处罚，委托行政机关对受委托的组织实施行政处罚的行为应当负责监督，并对该行为的后果承担法律责任。受委托的组织不得再委托其他任何组织或者个人实施行政处罚。受委托的组织本身并不具有行政处罚权，它行使的行政处罚权是具有行政处罚权的行政机关赋予的，它不具有委托权，因此不能再行委托。

2 哪些情形下对当事人不予行政处罚？

情景再现

每到夏天的傍晚，某小区门口都会临时支起数家售卖儿童玩具的摊位。售卖的人员形形色色，各种年龄层都有，人员也不固定。售卖的商品大都是包装简易，没有任何质量保证的“三无”商品。每当人群散去，包装纸等散落在小区门口，影响小区住户的出行。为此，城管多次前去检查。在一次突击检查中，未满14周岁的武某因无证经营等被罚款50元，对武某的处罚是否合适？

法律分析

不予行政处罚是指行为人的行为不构成应受行政处罚的违法行为或者行为人虽然实施了违法行为，但由于法定原因而免除处罚。不予处罚的情形主要有以下几种：

（1）精神病人在不能辨认或者不能控制自己行为时实施违法行为的，不予行政处罚，但是处罚机关应当责令监护人严加看管和治疗。间歇性精神病人在精神正常时有违法行为的，应对其实施的违法行为负责，接受行政处罚。精神病人有违法行为，不予行政处罚的规定，是以精神病人在行为时的无责任能力状态为根据的。无责任能力状态是指精神病患者在发作时，他的精神状况处于紊乱状态，因而不能辨认或者控制自己的行为，这是精神病患者不负行政责任的理由。

（2）智力残疾人在不能辨认或者不能控制自己行为时有违法行为的，不予行政处罚，但应当责令其监护人严加看管和治疗。根据《中国残疾人实用评定标准》，所谓智力残疾是指智力活动能力明显低于一般人的水平，并显示出适应行为的障碍。

智力残疾包括：在智力发育期间（18 周岁之前），由于各种有害因素导致的精神发育不全或智力迟缓；智力发育成熟以后，由于各种有害因素导致的智力损害或老年期的智力明显衰退。

（3）不满 14 周岁的未成年人实施违法行为的，因其未达行政处罚责任年龄，不予处罚，但要责令其监护人加以管教。不满 14 周岁的未成年人，尚不具备行政责任能力，所以，不满 14 周岁的未成年人有违法行为的，不予行政处罚。

（4）违法行为轻微并及时改正，没有造成危害后果的，不予行政处罚。初次违法且危害后果轻微并及时改正的，可以不予行政处罚。这里需要注意的是，违法行为轻微、及时改正、没有造成危害后果是统一的，不可分割的。

（5）违法行为在 2 年内未被发现的，不再给予行政处罚；涉及公民生命健康安全、金融安全且有危害后果的，上述期限延长至 5 年。但法律另有规定的除外。

除了以上明确的五种情形以外，其实对于那些已经年迈的老人通常情况下也是不予行政处罚的。虽然不会进行实质的行政处罚，但是肯定也会责令其监护人对其加强监管，特别是对未成年人的违法行为，国家不进行强制处罚，可是监护人也要引起高度注意。本案中，武某未满 14 周岁，即便武某实施了无证摆摊、售卖“三无”产品等违法行为，但是因武某未达行政处罚的责任年龄，而不应受到行政处罚。

3 行政机关在实施行政处罚时应当遵循怎样的原则?

情景再现

王某在其家中打麻将，被邻居举报后，公安机关将涉案人员抓获。经查，王某与其朋友在家中打麻将，每局赌注为50元，参与人员涉赌资金共计2800元。公安机关决定对王某等四人分别处以行政拘留7日、罚款2000元的行政处罚。这样的行政处罚是否适当?

法律分析

根据《行政处罚法》的规定，行政处罚应遵循如下基本原则：

（1）处罚法定原则。《行政处罚法》第4条规定了处罚法定原则，它包含三层意思：①实施处罚的主体法定；②处罚依据法定；③处罚程序法定。处罚法定原则不仅要求实体合法，也要求程序合法，即应遵循法定程序。处罚法定原则是行政合法性原则（或依法行政）在行政处罚中的具体体现和要求，行政处罚必须依法进行。

（2）处罚公正、公开原则。《行政处罚法》第5条规定了处罚公正、公开原则。①所谓公正就是公平、正直，没有偏私。

公正原则是处罚法定原则的必要补充，是指在实施行政处罚时不仅要求形式是合法的，是在自由裁量的法定幅度的范围内实施的，而且要求在内容上合法，符合立法目的。②所谓公开就是处罚过程要公开，要有相对方的参与和了解，以提高公民对行政机关及其实施的行政处罚的信任度，同时监督行政机关及其执法人员依法、公正地行使职权，保障相对方的合法权益。

（3）处罚与教育相结合原则。《行政处罚法》第6条规定，实施行政处罚，纠正违法行为，应当坚持处罚与教育相结合，教育公民、法人或者其他组织自觉守法。该原则体现了行政处罚不仅是制裁行政违法行为的手段，而且也起教育的作用，是教育人们遵守法律的一种形式。

（4）权利保障原则。《行政处罚法》第7条规定，公民、法人或者其他组织对行政机关所给予的行政处罚，享有陈述权、申辩权；对行政处罚不服的，有权依法申请行政复议或者提起行政诉讼。公民、法人或者其他组织因行政机关违法给予行政处罚受到损害的，有权依法提出赔偿要求。行政机关对相对人实施行政处罚时，必须保证其获得法律救济的权利，以保障其合法权益，因此该原则又被称为“无救济即无处罚”原则。

（5）一事不再罚原则。《行政处罚法》第29条规定，对当事人的同一个违法行为，不得给予两次以上罚款的行政处罚。同一个违法行为违反多个法律规范应当给予罚款处罚的，按照罚款数额高的规定处罚。依据该条规定，对违法行为人的同一个违法行为，不得以同一事实和同一依据给予两个（次）以上的同类（罚款）处罚。确立这一原则的目的在于，防止法律规范之间的设定冲突，防止重复规定处罚和滥施处罚，维护行政相对人的权益。

本案中，王某等人的违法行为应当受到公安机关的处罚。《治安管理处罚法》第 70 条规定，以营利为目的，为赌博提供条件的，或者参与赌博赌资较大的，处 5 日以下拘留或者 500 元以下罚款；情节严重的，处 10 日以上 15 日以下拘留，并处 500 元以上 3000 元以下罚款。实践中，各省为了贯彻落实《治安管理处罚法》会结合省内的具体情况和经济发展水平出台公安机关治安管理处罚裁量标准，对《治安管理处罚法》有关条款中涉及情节较轻、情节较重等违反治安管理的行为进行细化规定。本案中，公安机关依据王某等人的赌注大小、赌资数额作出拘留、罚款的处罚决定，既做到了有法可依，又做到了处罚适当，符合行政处罚应当遵循的处罚法定的基本原则。

4　哪些情形下可以依法对当事人减轻行政处罚？

情景再现

福建一家皮鞋生产厂家在得知其出厂销售的产品存在质量

问题后，立即主动采取相应的追回等措施，及时回收了该批不合格产品，尽可能避免给消费者造成危害及损失。是否可以对该皮鞋生产厂家减轻行政处罚？

法律分析

适用从轻或减轻行政处罚，必须有符合法律规定的条件，否则，不得随意作出从轻或减轻行政处罚。依据《行政处罚法》第32条的规定，符合法定情形的，应当予以从轻或减轻行政处罚：（1）主动消除或者减轻违法行为危害后果的，这种情况是指违法当事人对实施违法行为主动补救，是从主观上以积极的角度来消除或者减轻违法行为的危害后果。（2）受他人胁迫或者诱骗实施违法行为的，这种情况是指在现实生活中有些人实施违法行为是由于某种原因而受到一定程度的威逼或者误导。这些人从主观上看，是不愿意或者不完全愿意实施违法行为的，客观上在违法行为实施过程中所起的作用也较小。（3）配合行政机关查处违法行为有立功表现的，这种情况是指当事人以实际行动对违法行为予以补救，配合行政机关查处违法行为，包括检举揭发违法行为，向行政机关主动提供材料和线索，积极做有关当事人的工作，使行政机关的查处工作进展顺利、效果明显。（4）法律、法规、规章规定其他应当从轻或者减轻行政处罚的。由于上述前三种情形不可能概括所有应当从轻或者减轻行政处罚的情况，故本项规定为某些特殊情形留有余地。

需要注意的是，减轻处罚和从轻处罚是有着明显区别的。从轻处罚，是指行政机关在法定的处罚方式和处罚幅度内，依法对行政相对人给予较轻的处罚。即行政相对人有法定从轻处罚的情形，行政机关在实施行政处罚时，对其在数种处罚方式所允许的幅度内适用较低限的处罚。在决定适用减轻处罚的时候，行政机关要在法定的处罚方式和处罚幅度最低限以下，对违法行为人适用相应的行政处罚。

本案中，皮鞋生产厂家在得知产品存在质量问题后，积极采取措施，主动召回有质量问题的产品，力图将危害和影响降到最低。表明厂家主观上的违法意图并不明显，同时由于厂家的积极行为，及时回收了不合格产品，因此可以按照法律规定对厂家减轻处罚。

5 行政机关可否因当事人申辩而加重处罚?

情景再现

某建筑材料公司因在生产时，排烟设备不达标，致使排放物超标。在相关部门进行调查时，该公司负责人以设备更换检测、监测报告不准确、数据有误等与执法人员理论。行政机关认为该公司陈述申辩时态度不好，属于拒不认错悔改，本欲处罚款20万元，但因该公司的申辩，决定对其处以罚款30万元。该行政机关的做法是否正确？

法律分析

《行政处罚法》第45条规定，当事人有权进行陈述和申辩。行政机关必须充分听取当事人的意见，对当事人提出的事实、理由和证据，应当进行复核；当事人提出的事实、理由或者证据成立的，行政机关应当采纳。行政机关不得因当事人陈述、申辩而给予更重的处罚。确立申辩不加重处罚原则，是为了充分保障行政处罚当事人的陈述申辩权，确保行政处罚当事人无风险申辩，完善对行政处罚权的监督制约机制。《行政诉讼法》第77条规定，人民法院判决变更，不得加重原告的义务或者减损原告的权益。但利害关系人同为原告，且诉讼请求相反的除外。《行政复议法实施条例》第51条规定，行政复议机关在申请人的行政复议请求范围内，不得作出对申请人更为不利的行政复议决定。更进一步明确在行政诉讼及行政复议时的申辩不加重处罚原则。

申辩不加重处罚原则所禁止的加重处罚，不仅包括对当事人全部处罚在总体上的加重（如增加罚没款总额、增加申辩前未告知的处罚方式等），也包括将告知当事人拟作出的某一项处罚在幅度上加重（如增加罚款金额、增加没收财物数额、增加行政拘留天数等），还包括将告知当事人的某一种处罚方式改为对当事人更为不利的其他处罚方式（如将责令停产停业改为吊销证照，将警告处罚改为罚款、没收等处罚等）。

申辩不加重处罚原则必须得到充分尊重，行政机关在案件办理中应遵照执行。申辩不加重处罚原则是充分保护当事人合法权利和案件公正处理的需要，如果没有申辩不加重处罚的原则，当事人申辩时就会心存疑虑，这样就会影响其申辩权利的行使，不利于行政执法机关全面取证、全面听取当事人的意见，不利于作出公正的判决。但是，需要说明的是，所谓申辩加重处罚主要针对行政机关单纯就当事人的申辩行为而加重处罚而言，行政机关在行政程序实施过程中，根据变化了的事实和证据变更拟对当事人作出的处罚并不违反申辩不加重处罚原则。

本案中，在没有任何事实和证据发生变化的情况下，行政机关仅仅依据建筑公司的申辩就加重处罚显然是违反法律规定的。

6 行政机关在何种情形下可以当场作出行政处罚？

情景再现

刘某骑行摩托车未佩戴头盔，行至一个交叉路口时，又未按交通信号灯通行。在道路上执勤的民警发现后，将刘某拦下，在查看刘某的相应证件后，当场决定对刘某未佩戴头盔及闯红灯的行为罚款100元。罚款100元的行政处罚决定，能否当场作出？

法律分析

并不是所有的违法行为都可以当场作出行政处罚决定书的，一般是比较简单的违法行为才可以。当场作出的行政处罚种类是处罚程度较轻的一类行政处罚。根据《行政处罚法》第51条的规定，当场作出行政处罚必须符合下列条件：（1）违法事实确凿，是指当事人确有违法事实并有证据支持。换句话说，就是能够证明当事人具有违法行为的证据确实清楚、充分。违法事实没有查清的，不能给予行政处罚。（2）处罚有法定依据，是指有法律、行政法规、地方性法规和规章作为行政处罚的依据。没有法定依据的行政处罚是无效的。（3）适用的行政处罚类型限于警告和数额很少的罚款，对公民处以200元以下、对法人或者其他组织处以3000元以下罚款或者警告的行政处罚的，可以当场作出行政处罚决定。

当场作出行政处罚程序是行政处罚的简易程序。执法人员采取简易程序作出处罚决定的，应遵循下列程序：（1）表明身份，即向当事人出示执法身份证件，简易程序可以由一名执法人员单独实施；（2）说明处罚理由，包括作出行政处罚决定的事实、理由和依据；（3）告知当事人依法享有的权利，包括陈述、申辩、申请行政复议和提起行政诉讼等权利；（4）给予当事人陈述和申辩的机会；（5）制作笔录；（6）填写预定格式、编有号码的行政处罚决定书；（7）报所属行政机关备案；（8）执行。

本案中，如果民警当场处罚符合行政处罚简易程序的程序规定，那么民警对公民刘某进行 100 元的罚款是可以当场作出的。

7 行政机关作出罚款决定的，是否可以当场收缴罚款？

情景再现

张某骑自行车行至一个交叉路口时，未按交通信号灯通行，在红灯亮时通行。执勤民警将其拦下，并当场对其作出罚款 30 元的行政处罚。张某自愿当场缴纳罚款，但执勤民警声称罚款处罚机构与收缴机构分离，不能当场收缴，要求张某自行到指定银行缴纳罚款。执勤民警的做法对吗？

法律分析

当场作出的行政处罚决定，并不是都可当场收缴罚款。根据《行政处罚法》第 68 条、第 69 条的规定，可以当场收缴罚款的情形包括：

（1）依法给予100元以下罚款的。在这种情况下，当事人的违法事实简单、违法行为轻微，行政机关对其处以的罚款数额小。如果规定当事人必须到指定的银行缴纳罚款，显然会增加当事人的履行成本，同时，也会增加代收罚款银行的工作量，造成资源的浪费。

（2）不当场收缴事后难以执行的。出于维护罚缴分离制度和当场收缴罚款规定的考虑，相关法律、法规对当场收缴罚款的罚款数额作出了较低的限制。在这种情况下，办案人员当场收缴罚款不仅要符合法律、法规对罚款数额的规定，还要符合如不当场收缴罚款事后难以执行这一条件。在行政执法实践中，行政机关查处流动人员或者没有固定经营场所经营者实施的违法行为时，经常遇到不当场收缴罚款事后无法执行的情况。需要注意的是，如果行政机关对当事人处以罚款且超过100元时，当事人的身份、住所或者经营场所是确定的，如当事人为公司或在固定摊位从事经营等，应由当事人自行到银行或通过电子支付系统缴纳罚款。

（3）在边远、水上、交通不便地区，行政机关及其执法人员依照《行政处罚法》第51条、第57条的规定作出罚款决定后，当事人向指定的银行或者通过电子支付系统缴纳罚款确有困难，经当事人提出，行政机关及其执法人员可以当场收缴罚款。这里要强调的是，当场收缴罚款须“经当事人提出”，即存在需要当场收缴罚款的特殊情况，也只有在当事人申请的前提下，行政机关及其执法人员才可以当场收缴罚款。当事人没有提出当场缴纳罚款的请求的，行政机关及其执法人员不能违背当事人意愿当场收缴罚款。

本案中，对张某的罚款数额符合当场收缴罚款的数额要求，且张某也明确表示要求当场缴纳罚款，民警以罚款处罚机构与收缴机构分离为由不予收缴罚款，表明民警对于基本业务和法律规定一知半解。

第四章

行政许可法律知识

1 受委托实施行政许可的机关是否可以转委托？

情景再现

申请人方某、张某、黄某通过行政服务中心提交了申请设立旅行社材料，经营业务范围为：境内旅游业务、入境旅游业务。行政服务中心当场向三人出具收件凭证。该市旅游局受省文旅厅的委托，代为行政许可。该市旅游局将该项委托又转委托给该市文化局，由该市文化局决定是否批准三人设立旅行社的申请。该市旅游局能不能这样做？

法律分析

委托许可是行政许可机关依照法律、法规、规章的规定，将其行使的行政许可权委托给其他行政机关行使。受委托的行政机关在委托范围内，以该行政许可机关的名义行使行政许可权。由于行政权的范围越来越宽，行政管理的复杂性、专业性、技术性也在增强，有时行政机关的设置不能完全满足行政管理发展的需要，有时为某项行政管理再设置相应的行政机关既没必要，也不经济。将一些行政许可权委托给其他行政机关行使，充分利用行政机关现有的资源，既可以提高行政效率，实现对社会事务的有效管理，又可以防止机构膨胀，起到精简机构的效果。《行政许可法》第 24 条规定，行政机关在其法定职权范围内，依照法律、法规、规章的规定，可以委托其他行政机关实施行政许可。委托机关应当将受委托行政机关和受委托实施行政许可的内容予以公告。委托行政机关对受委托行政机关实施行政许可的行为应当负责监督，并对该行为的后果承担法律责任。受委托行政机关在委托范围内，以委托行政机关名义实施行政许可；不得再委托其他组织或者个人实施行政许可。

依据该规定，委托行政机关不得再转委托行政许可。转委托涉及行政许可的实施权是否具有双重转让性的问题，即受委托行政机关能否再成为委托的主体。从一定意义上说，行政许可权与行政处罚权一样，不具有双重转让性，一次委托尚有严格的条件限制，委托主体必须是行政机关，委托其他行政机关实施行政许可必须在法定权限范围内进行，而且必须有明确的法律依据。其理论基础在于，受委托行政机关实施行政许可的权力本身就不是其自己的法定权力，而是源于委托行政机关的特定委托，其无权将委托行政机关的行政许可实施权再委托给任何其他组织或者个人。因此，该市旅游局无权将该项委托转委托给该市文化局。

2 受理行政许可申请时，行政机关应当遵守哪些禁止性的规定？

情景再现

李某在申请行政许可时，行政机关的工作人员多次要求其提供与申请事项无关的技术资料，李某拒绝之后，行政机关的工作人员表示拒绝受理李某的申请。后来李某又再次提交申请，工作人员又要求李某将其技术转让给指定的公司，在李某拒绝了工作人员让其签署技术转让的要求后，该行政机关再次拒绝受理李某的行政许可申请。

法律分析

根据行政公开的原则，行政许可的实施和结果应当公开。行政公开势必会涉及申请材料的公开，这就要求行政机关在履行公开义务的过程中，负有保护国家秘密、商业秘密和个人隐私的义务。行政机关在行政许可申请的环节，即应注意不得要求申请人提交与其申请的行政许可事项无关的技术资料和其他材料，以保护申请人的商业秘密或个人隐私。因此，《行政许可法》第 31 条规定了行政机关不得要求申请人提交与其申请的行政许可事项无关的技术资料和其他材料。2019 年 4 月 23 日，第十三届全国人大常委会第十次会议对《行政许可法》进行了修正，增加了“行政机关及其工作人员不得以转让技术作为取得行政许可的条件；不得在实施行政许可的过程中，直接或者间接地要求转让技术”的规定。行政机关应当遵守上述的禁止性规定。因此行政机关对李某的两次不合理要求均违反了法律的规定，是不可取的。

3 申请人提出的行政许可申请不符合规定时，行政机关应当如何处理？

情景再现

某公司欲申请行政许可，第一次到行政审批中心申请时，行政机关工作人员告知该公司经办人员其申请书不符合规定的形式，要求修改；第二次申请时，又称该公司从事该项许可活动的能力证明不充分；第三次申请时，又称该公司从事该许可活动的场地、人员等不合格；直至第四次申请，行政机关才受理了行政许可申请。

法律分析

根据《行政许可法》第32条的规定，申请人提出的行政许可申请，不符合规定的，行政机关应分别按照以下方式进行处理：

（1）申请事项依法不需要取得行政许可的。有的申请人对所要从事的活动不清楚是否需要取得行政许可，例如，由于法律、法规、规章作出修改，以前需要取得行政许可才能从事的活动，现在不再需要许可，但申请人对这种变化并不了解。对于这种情况，行政机关应当即时明确告知申请人其所申请的事项不需要取得行政许可。

（2）申请事项依法不属于被申请的机关的职权范围。申请人只能向法定的行政许可机关提出申请，也只有该法定的行政机关才能接受其管辖范围内的申请并予审查。申请人向无许可权的行政机关提出申请的，申请行为无效，被申请机关应当作出不予受理的书面决定，并告知申请人负责受理其申请的行政机关。

告知申请人负责受理其申请的行政机关，是《行政许可法》赋予行政机关的一项新的职责。对于承担这一职责，可能有的行政机关及其工作人员会产生顾虑，认为增加了行政机关的工作量，如果工作人员对负责受理的机关本身并不清楚或者告知有误，还会承担责任。事实上，如果某一受理事项连行政机关的工作人员都不知道应负责受理的机关，那么对于许多行政相对人来说将会是一件更困难的事情。实际生活中，在某一行政机关发生申请人“走错门”的情形常常是雷同的，多数情况下是由于申请人不清楚某两个或某几个行政机关的职责分工而对被申请机关产生误解。对于具体经办的、有一定经验的工作人员来说，这种现象是较常见的，因此，行政机关的工作人员告知申请人有关的负责机关，虽然会增加一定的工作量，但并不会增加太大的难度，给申请人带来的则是极大的方便。如果工作人员无法凭经验知道负责受理的机关，应当通过机关的内部系统设法询问清楚。告知负责受理的机关，工作人员可以采取口头告知的方式。针对申请人经常发生错误的情形，行政机关也可以事先印制一些“申请人须知”或“申请注意事项”之类的书面材料，提醒申请人根据各自的情况向正确的行政机关提出申请。

（3）申请材料不齐全或者不符合法定形式。一般来说，申请人向行政机关申请从事某一活动的许可，应当提交书面形式的申请以及法律、法规和规章规定的有关材料。申请书一般必须载明申请人的姓名或名称、工作单位和地址，申请许可的要求、理由，从事该项许可活动的能力证明，从事该项许可活动的场地、人员、设备等事项的说明或证明等。如果申请材料不齐全、不完备或者不符合法定的格式、要求，行政机关不能径行驳回，而应当向申请人发出补正告知。补正告知，可以当场作出的，应当当场告知；不能当场作出的，《行政许可法》规定了5日的补正告知期限。《行政许可法》还对告知作出了较为严格的要求，即申请人的申请材料存在多处不符合法定形式的情况的，行政机关应当将需要补正的全部内容一次告知申请人，不能反复要求申请人补正，以避免浪费申请人的精力和时间。

本案中，某公司的申请不被受理均是因申请材料不齐全或是不符合法定形式。行政机关不能径行驳回，而应当向申请人发出补正告知，并且应当将需要补正的全部内容一次告知申请人，不能反复要求申请人补正。

4　行政机关应当在几日内作出行政许可决定？

情景再现

张某等人具有技术优势，且具有某药品的专利权，便欲筹备成立公司生产该药品。张某向某省药品监督管理部门申请办理《药品生产许可证》，但迟迟未得到回复。两个月后，张某到药品监督管理部门询问得知，其申请因办理该项类似业务的人数较多，审核难度大，其需要继续等待。该省药品监督管理部门的做法对吗？

法律分析

在行政许可程序中规定期限，具有重要意义。（1）设定期限是提高行政效率的基本途径之一。检验行政程序得失的基本标准，一是公正性，二是及时性。如果没有期限的约束，及时性就难以做到。（2）设定期限是行政程序的基本手段，行政程序不仅包括行政机关或相对人一方的活动，在需要共同行为的活动中，期限是对活动进行统一的手段。（3）设定期限可以使行政程序的各方主体预知自己的行为及其后果。行政机关的行政许可决定，应在法定期限内作出。按照《行政许可法》第42条的规定，除可以当场作出行政许可决定外，行政机关应当自受理行政许可申请之日起20日内作出行政许可决定。20日内不能作出决定的，经本行政机关负责人批准，可以延长10日，并应当将延长期限的理由告知申请人。但是，法律、法规另有规定的，依照其规定。依照该法第26条的规定，行政许可采取统一办理或者联合办理、集中办理的，办理的时间不得超过45日；45日内不能办结的，经本级人民政府负责人批准，可以延长15日，并应当将延长期限的理由告知申请人。

另外，《行政许可法》对期限也有例外性规定，即有特别法对作出是否准予行政许可的决定另有规定的，依照其规定。目前，我国法律、法规、规章对作出行政许可决定的期限规定长短不一。例如，《文物保护法实施条例》第45条规定，运送、邮寄、携带文物出境，文物进出境审核机构应当自收到申请之日起15个工作日内作出是否允许出境的决定。《药品管理法实施条例》第11条规定，开办药品生产企业办理《药品生产许可证》，省、自治区、直辖市人民政府药品监督管理部门应当自收到申请之日起30个工作日内进行审查，并作出是否同意筹建的决定。

虽然我国法律、法规、规章对作出行政许可决定的期限规定长短不一，但也是有期限规定的，并不是让申请人无期限地等待下去。行政机关不能将自身的问题转嫁由普通大众来化解，给申请人带来额外的不便与困扰。本案中省药品监督管理部门已经超过审核期限，应当及时受理，尽快决定。

5 行政机关在实施行政许可的过程中启动听证程序的方式有哪些?

情景再现

某公司意在一村庄的荒地上建设一垃圾处理厂，便向行政机关递交了申请材料。经过审查，行政机关通知某公司，认为该项行政许可涉及公共利益，属于重大行政许可事项，应当召开听证会，听取专家及附近村民的意见，之后再决定是否授予某公司行政许可。某公司认为，在荒地上建垃圾处理厂并不侵犯任何人的利益，况且行政机关完全有自主决定权，没必要召开听证会，某公司的想法是否正确?

法律分析

听证程序是行政机关作出行政行为前给予当事人就重要事实表示意见的机会，通过公开、公正、民主的方式达到行政目的程序。就其作用而言，听证应当适用于所有行政机关的行政行为。但采用听证程序必然要发生人力、财力的成本，因此，不可能所有的行政行为作出之前均要求举行听证。那么，制定一个科学、合理的听证程序的范围就是十分必要的。依照《行政许可法》第46条、第47条的规定，行政机关可以依职权启动听证程序，也可以依相关人员的申请启动听证程序。

（1）行政机关依职权应当进行听证的情形有两种。

①法律、法规、规章规定实施行政许可应当听证的事项。对于行政许可行为的听证，目前在我国法律、法规、规章中作规定的还为数较少，只有个别的作了规定。如，《公共文化体育设施条例》第27条规定，因城乡建设确需拆除公共文化体育设施或者改变其功能、用途的，有关地方人民政府在作出决定前，应当组织专家论证，并征得上一级人民政府文化行政主管部门、体育行政主管部门同意，报上一级人民政府批准。涉及大型公共文化体育设施的，上一级人民政府在批准前，应当举行听证会，听取公众意见。随着我国依法治国的稳步推进，民主程度的进一步提高，法律、法规和规章中规定听证程序的将越来越多。凡法律、法规和规章中明确规定听证程序，行政许可属于

其规定的情形的，行政机关在作出行政许可决定前，应当举行听证。

②行政机关认为需要听证的其他涉及公共利益的重大行政许可事项。行政许可是一种授益性的行政行为，对于申请人来说，取得行政许可，意味着获得一种权利能力，有权从事某种活动。因此，行政机关应申请人的要求作出颁发行政许可的决定，申请人不会要求听证。但是，一些行政许可涉及公共利益的重大事项，如征地拆迁、环境污染和城市建设等，影响的是不特定的多数人的利益，且这种影响一般是全局性的、长期的和潜在的。个别的公民、法人和其他组织由于对信息掌握等原因，在行政许可对其当下的切身利益没有直接影响的情况下，他们并不能够立即感知或了解行政许可可能对他们的将来产生的直接或间接的影响，因此，这时他们也不会要求听证。但这类行政许可实施后，又确有可能对社会带来很大的影响。这就要求行政机关在对行政许可申请进行审查的过程中，应当考量行政许可事项是否会影响到公共利益。如果行政机关认为行政许可事项对公共利益可能产生较大的影响，行政机关就应当将有关行政许可事项予以公告，使社会对此予以关注，听取社会各界包括有关专家的意见。行政机关经过对申请人的利益与公共利益进行考量后，认为准予许可不会对公共利益造成损害的，应当作出准予许可的决定；反之，则应拒绝颁发许可。

（2）行政许可直接涉及申请人与他人之间巨大利益关系的，行政机关在作出行政许可决定前，应当告知申请人、利害关系人享有要求听证的权利；申请人、利害关系人在被告知听证权利之日起5日内提出听证申请的，行政机关应当在20日内组织听证。依据该规定，行政许可直接涉及申请人与他人之间重大利益关系的，申请人和利害关系人有要求听证的权利。在现实中较常见的是，涉及申请人与第三人之间民事的相邻权关系。

本案中，申请人的拟建垃圾处理项目将对其周边村民的生活带来较大的影响，如可能造成环境污染等，同时垃圾处理厂也可能使周边原有企业无法开展正常的生产经营活动。如果实施了申请的行政许可，可能会对公共利益造成较大影响。因此，应当适用听证程序。

6 行政机关应当如何处罚违反行政许可规定的被许可人？

情景再现

江某准备成立一家食品公司，得知需要办理食品安全许可证而且审批过程非常严格，担心自己无法通过审查。于是通过层层关系找到行政机关的主管领导，多次宴请领导及具体经办人员，并赠送了大量的名烟名酒。因此，即便江某没有食品安全许可证，行政机关也为江某办理了营业执照。江某的行为是否违反了法律规定，会有怎样的后果？

法律分析

如果被许可人在申请行政许可时符合许可的各项条件，行政机关依法作出行政许可的决定，那么该行政许可应当受到法律保护，被许可人可依法从事行政许可事项的生产经营等活动。但是，如果被许可人以不正当手段取得行政许可，则应当承担相应的法律责任。或者被许可人在合法取得行政许可后，所从事的与行政许可相关的活动却产生违法的情况，被许可人则应当承担相应的法律责任。

被许可人在合法取得行政许可后，在从事与行政许可相关的活动中有违法行为的，需要依法承担有关行政或者刑事法律责任。按照《行政许可法》第 80 条的规定，被许可人有下列行为之一的，行政机关应当依法给予行政处罚；构成犯罪的，依法追究刑事责任：（1）涂改、倒卖、出租、出借行政许可证件，或者以其他形式非法转让行政许可的；（2）超越行政许可范围进行活动的；（3）向负责监督检查的行政机关隐瞒有关情况、提供虚假材料或者拒绝提供反映其活动情况的真实材料的；（4）法律、法规、规章规定的其他违法行为。

被许可人对于不符合条件的行政许可申请，最常用的不正当手段就是欺骗和贿赂。被许可人以欺骗、贿赂等不正当手段取得的行政许可，属于无效行政许可，不受法律保护，而且被许可人对于自己的违法行为需要承担相应的法律责任。被许可人以欺骗、贿赂等不正当手段取得行政许可后的法律责任有四类：（1）由有关的行政机关依法撤销其已经取得的行政许可。（2）给予接受行政处罚。根据《行政处罚法》的规定，行政处罚的种类主要有：①警告、通报批评；②罚款、没收违法所得、没收非法财物；③暂扣许可证件、降低资质等级、吊销许可证件；④限制开展生产经营活动、责令停产停业、责令关闭、限制从业；⑤行政拘留；⑥法律、行政法规规定的其他行政处罚。行政机关对于被许可人的违法行为，可以根据相关规定实施行政处罚。（3）对直接关系公共安全、人身健康、生命财产安全事项的行政许可，申请人在 3 年内不得再次申请该行政许可。（4）构成犯罪的，依法追究刑事责任。比如，构成伪造公文、印章罪或者行贿罪等罪名的，就由司法机关按照《刑法》的有关规定予以处理。本案中，江某的营业执照会被撤销，江某也会受到相应的行政处罚，如果涉嫌犯罪，还会被追究刑事责任。

7　行政机关工作人员滥用职权、玩忽职守作出准予行政许可决定的，该行政许可是否一定会被撤销？

情景再现

某公司系有限责任公司，注册会计师李某持股5.6%。李某因考入某财政局遂办理注册会计师转非职业会员手续，并离开公司。某公司股东未经李某同意将股权转让给王某等，某市场监督管理部门未严格审查某公司的材料就依据某公司申请核准变更股东行政许可。随后，李某向法院提起请求确认部分股权转让无效得到支持。李某又向某市场监督管理部门提起撤销涉案行政许可请求。某市场监督管理部门审查后认为王某对外签字审计、验资、年检等报告份数较多，如若撤销会损害公共利益，遂作出不予撤销的行政许可决定。

法律分析

行政机关工作人员滥用职权、玩忽职守，作出准予行政许可决定，这涉及行政法学上信赖保护原则。所谓信赖保护原则，是行政机关诚信原则的延伸。行政机关的诚信原则，是指行政机关对公众的行为应当具有稳定性和可预测性，不得变化无常，不得溯及既往，表现在行政许可上，就是行政机关一旦作出行政许可的决定，就不能随意更改或者撤销，并有责任依法采取措施保证被许可人顺利地从事行政许可事项的生产经营等活动。根据行政机关在管理活动中贯彻信赖保护原则的要求，对于因行政机关有违法因素应当撤销的行政许可，从保护行政相对人利益的角度出发，原则上应当不予撤销，只有在特殊情形下，行政机关经过科学的权衡后，才可以撤销违法的行政许可。

对于行政机关工作人员滥用职权、玩忽职守作出准予行政许可决定的，可以撤销该行政许可。所谓滥用职权，是指国家工作人员故意滥用手中的职权或者超越自己的职权，致使公共财产、国家和人民利益遭受损失的行为。所谓玩忽职守，是指国家工作人员不履行或者不正确地履行其职责，致使公共财产、国家和人民利益遭受损失的行为。在行政许可的实施过程中，一些行政机关的工作人员存在滥用职权、玩忽职守作出准予行政许可决定的情形，轻则违法，重则构成犯罪。这些行为损害了国家和人民的利益，损害了行政机关的正常行政管理活动，也损害了行政机关的形象。行政机关工作人员滥用职权、玩忽职守作出的准予行政许可决定，不受法律保护，可以由作出行政许可决定的行政机关或者其上级行政机关予以撤销。

但是，撤销行政许可可能对公共利益造成重大损害的，应当不予撤销。撤销行政许可，就意味着被许可人从事许可事项的生产经营等活动应当随之停止，否则，其行为即构成违法。

通常来说，对于有违法情形的行政许可，行政机关应当予以撤销，并责令被许可人立即停止从事行政许可事项的生产经营等活动，这既是保证行政机关依法行政的需要，也是让有违法行为的被许可人承担法律责任的需要。但是，有些行政许可的事项比如大型的道路建设、桥梁建设等事项，与公共利益密切相关。对于这些行政许可事项，行政机关作出行政许可的决定后，被许可人可能很快就开始了生产经营等活动，而行政机关一旦发现行政许可中的违法情形，即可以对行政许可予以撤销。行政许可一旦被撤销，就意味着被许可人从事行政许可事项的生产经营等活动应当立即停止，就有可能导致公共利益的重大损失。在此情况下，行政许可即使有违法的情况，上级行政机关也不应当撤销。但上级行政机关可以要求被许可人补齐相关的许可手续，特别是要加强对其生产建设等活动质量的监督检查，并对有违法行为的作出行政许可决定的行政机关及其工作人员作出相应的处分。

8 在实施行政许可的过程中，行政机关直接负责的主管人员和其他直接责任人员在哪些情形下会受到行政处分？

情景再现

武某是一名下岗工人，在外地打工多年生活也没有多少改善，于是就想回家开一个小吃店。武某承租了店面，添置了设备，一切工作准备就绪之后，就向当地市场监督管理部门申请办理营业执照，受理人员几次拒绝为武某办理，最终在武某缴纳1000元“材料费”之后才顺利拿到了营业执照。武某觉得自己委屈得很，明明别人办理执照都不收材料费。市场监督管理部门工作人员的做法是否违法?

法律分析

长期以来，行政许可活动中的法律责任没有引起应有的重视，主要表现为法律责任的不明确或者缺位。一些行政机关及其内设机构大量设定行政许可，使行政许可有泛滥之势；一些行政机关及其工作人员在实施行政许可的活动中，违反法定程序，官僚主义作风严重；一些行政机关及其工作人员在实施行政许可过程中，擅自收费或者不按照法定项目和标准收费，甚至出现截留、挪用、私分或者变相私分实施行政许可依法收取的费用；一些行政机关及其工作人员在办理行政许可或者实施监督检查中索取或者收受他人财物，存在各种腐败现象；一些行政机关及其工作人员对被许可人的违法活动，不依法履行监督检查职责或者监督检查不力，造成严重后果；一些行政机关违法实施行政许可，给当事人的合法权益造成损害，不依照国家的有关法律予以救济等。

根据《行政许可法》第72条的规定，行政机关及其工作人员在实施行政许可的过程中，有下列情形之一的，由其上级行政机关或者监察机关责令改正；情节严重的，对直接负责的主管人员和其他直接责任人员依法给予行政处分：

（1）对于符合法定条件的行政许可申请不予受理的。在行政许可实施中，收到申请人符合条件的许可申请却久拖不办的现象比较普遍，个别行政机关及其工作人员甚至借实施行政许可对申请人“吃、拿、卡、要”。行政机关对于申请人的申请事项属于本机关职责范围，申请材料齐全、符合法定形式的，行政机关应当受理行政许可，否则即属于违法。

（2）不在办公场所公示依法应当公示的材料的。行政机关应当将有关法律、法规、规章规定的有关行政许可的事项、依据、条件、数量、程序、期限以及需要提交的全部材料的目录和申请书示范文本等在办公场所公示。如果行政机关不依法在办公场所公示有关材料的即属于违法。

（3）在受理、审查、决定行政许可过程中，未向申请人、利害关系人履行法定告知义务的。行政机关对行政许可申请进行初步审查后，发现行政许可事项直接关系其他人重大利益的，应当告知该利害关系人。行政机关对于延长作出行政许可决定期限的。应当将延长期限的理由告知申请人。行政许可直接涉及申请人与他人之间重大利益关系的，行政机关在作出行政许可决定前，应当告知申请人、利害关系人有要求听证的权利。行政机关在实施行政许可的过程中，应当认真履行上述告知义务，否则即属于违法。

（4）申请人提交的申请材料不齐全、不符合法定形式，不一次告知申请人必须补正的全部内容的。申请人的申请材料不齐全或者不符合法定形式的，行政机关应当一次告知申请人需要补正的全部内容。实践中，个别行政机关及其工作人员对于申请人申请材料不齐全或者不符合法定形式的，故意不一次告知申请人应当补正的全部内容，增加申请人的负担。

（5）未依法说明不受理行政许可申请或者不予行政许可的理由的。行政机关对申请人的行政许可申请，应当根据不同情况作出处理，对于不受理行政许可申请的，应当说明理由和依据。行政机关依法作出不予行政许可的书面决定的，应当说明不予行政许可的理由，否则即属于违法。

（6）依法应当举行听证而不举行听证的。法律、法规、规章规定实施行政许可应当听证的事项，或者行政机关认为需要听证的其他涉及公共利益的重大行政许可事项，行政机关应当向社会公告，并举行听证，否则即属于违法。

第五章

行政强制法律知识

1 没有执法资格的人员是否可以实施行政强制措施？

情景再现

某商贸城商户未按照法律规定进行广告宣传。某市场监督管理部门针对商户的行为准备展开专项行动。为此，某市场监督管理部门要求全员上岗。李某属于档案室工作人员，无行政执法资格，也参与到行动中与他人共同对该商户悬挂的广告牌进行收缴，并扣押了部分不符合规定的商品。请问，李某的行为是否符合法律的规定？

法律分析

行政强制措施，是指行政机关在行政管理过程中，为制止违法行为、防止证据损毁、避免危害发生、控制危险扩大等情形，依法对公民的人身自由实施暂时性限制，或者对公民、法人或者其他组织的财物实施暂时性控制的行为。《行政强制法》第 17 条明确规定，行政强制措施应当由行政机关具备资格的行政执法人员实施，其他人员不得实施。因此，行政强制措施必须由具备行政执法资格、持有行政执法证件的行政执法人员依法实施；不具备行政执法资格的人员，不得上岗实施行政强制行为。本案中，李某不具备执法资格，即便是工作单位要求，也无权实施行政强制行为。

2 实施行政强制措施应当符合哪些程序性规定？

情景再现

某地卫生局对黑诊所进行清查，因为工作量太大，临时雇用了一些人员参与该次清查行动。马某经营的诊所，因相应证件不齐全，由一名行政执法人员与一名临时雇用人员对其经营的部分药品予以查封、扣押，行政机关的执法程序是否违反法律的规定？

法律分析

《行政强制法》第18条规定，行政机关实施行政强制措施应当遵守下列规定：（1）实施前须向行政机关负责人报告并经批准；（2）由两名以上行政执法人员实施；（3）出示执法身份证件；（4）通知当事人到场；（5）当场告知当事人采取行政强制措施的理由、依据以及当事人依法享有的权利、救济途径；（6）听取当事人的陈述和申辩；（7）制作现场笔录；（8）现场笔录由当事人和行政执法人员签名或者盖章，当事人拒绝的，在笔录中予以注明；（9）当事人不到场的，邀请见证人到场，由见证人和行政执法人员在现场笔录上签名或者盖章；（10）法律、法规规定的其他程序。

按照上述规定，可以看到，实施行政强制措施需要符合以下程序性规定：（1）内部审批程序，实施行政强制措施前应当向行政机关负责人报告并经批准；（2）两人执法程序，由两名以上行政执法人员实施，该程序是便于相互监督，降低和防止执法侵权情况，同时防止当事人诬告、陷害、贿赂执法人员；（3）表明身份程序，执法人员必须向当事人出示其合法的执法证件，表明身份，防止假冒、诈骗，提升行政执法形象；（4）保障当事人权利的程序，通知当事人到场，告知当事人采取措施的理由、依据及其依法享有的权利，听取当事人的陈述、申辩；（5）制作现场笔录的程序。

本案行政机关在实施行政措施前必须报告并取得负责人的批准，同时要有两名以上具有执法资格的人员实施具体行政措施，并向当事人出示证件。执法人员还要告知当事人相关权利、义务，并制作现场笔录，因此案例中的执法人员有诸多违反法律程序的行为。

3 限制人身自由的行政强制措施在什么条件下应当解除？

情景再现

某日晚11时许，执行巡逻任务的公安民警发现王某在街头游荡，公安民警遂上前盘问。因王某慌慌张张，言语闪烁，民警将王某带回公安机关继续盘问。经盘问，发现王某无违法犯罪情形，两天后将王某释放。民警这样做对吗？

法律分析

根据《立法法》第8条、第9条的规定，限制公民人身自由的强制措施和处罚是法律的专属立法权。《行政强制法》第10条规定，限制公民人身自由的行政强制措施只能由法律设定，行政法规、地方性法规和规章都不得设定限制人身自由的行政强制措施。

目前，我国设定限制公民人身自由的法律和措施主要有：《人民警察法》规定可以对嫌疑人当场盘问、留置盘问；对严重危害公共安全或者他人人身安全的精神病人，可以采取保护性约束措施；为预防和制止严重危害社会治安秩序的行为，可以在一定的区域和时间，限制人员、车辆通行或者停留，必要时可以实行交通管制、现场管制和强行驱散等。《道路交通安全法》规定了对醉酒人员的保护性约束措施。《治安管理处罚法》规定了强制传唤、行政拘留。《集会游行示威法》规定了强行驱散、强行带离现场、拘留。《传染病防治法》规定了强制隔离治疗。《海关法》规定了强制带回、人身检查。《外国人入境出境管理法》规定了限制活动范围、强制离境等。从上述规定看，限制公民人身自由的行政强制措施依据法律规定，主要由公安机关行使。

《行政强制法》第 20 条规定，实施限制人身自由的行政强制措施不得超过法定期限。实施行政强制措施的目的已经达到或者条件已经消失，应当立即解除。但该法中没有对限制人身自由强制措施的期限、情形和条件作出一般性规定，这些内容主要体现在其他法律中。如《人民警察法》第 9 条规定，公安机关的人民警察将有违法犯罪嫌疑的人员带回公安机关盘问的，盘问留置时间自带至公安机关之时起不超过 24 小时。在特殊情况下，经县级以上公安机关批准，可延长至 48 小时，并应当留有盘问记录。对于不批准继续盘问的，应当立即释放被盘问人。《治安管理处罚法》第 83 条规定，对违反治安管理行为人，公安机关传唤后应当及时询问查证，询问查证的时间不得超过 8 小时；情况复杂，依照该法规定可能适用行政拘留处罚的，询问查证时间不得超过 24 小时。

本案中，执法民警对嫌疑人留置盘问的时间显然已经超出法律规定的范围。人身自由强制是对公民权利最严厉的强制手段，一旦行使不慎，自然也就演变成对公民权利最严重的侵犯。故此，在限制人身自由强制措施的目的一旦达成或者条件已经消失的情况下，应当立即解除，恢复其人身自由。

4 行政机关在实施查封和扣押措施时有哪些限制性规定?

情景再现

某市场监督管理部门在抽查时发现张某开设的小型超市进了一批“三无”产品，于是决定扣押该批物品。某市场监督管理部门未向张某出具扣押决定书，也未制作扣押清单，就直接将张某超市的物品运至某仓库保管。在搬运的过程中，某市场监督管理部门因为工作疏忽还将其他无关商品也搬运至仓库。后某市场监督管理部门扣押物品近3个月且未妥善保管扣押物品，导致扣押物品大量毁损。

法律分析

《行政强制法》第22条至第27条对查封、扣押的主体、范围、期限及程序均有相应的限制性规定。

（1）查封、扣押应当由法律、法规规定的行政机关实施，其他任何行政机关或者组织不得实施。

（2）查封、扣押限于涉案的场所、设施或者财物，不得查封、扣押与违法行为无关的场所、设施或者财物；不得查封、扣押公民个人及其所扶养家属的生活必需品。当事人的场所、设施或者财物已被其他国家机关依法查封的，不得重复查封。

（3）行政机关决定实施查封、扣押的，应当按照《行政强制法》第18条规定的程序，制作并当场交付查封、扣押决定书和清单。

（4）查封、扣押的期限不得超过30日；情况复杂的，经行政机关负责人批准，可以延长，但是延长期限不得超过30日。法律、行政法规另有规定的除外。延长查封、扣押的决定应当及时书面告知当事人，并说明理由。需要对物品进行检测、检验、检疫或者技术鉴定的，查封、扣押的期间不包括检测、检验、检疫或者技术鉴定的期间。检测、检验、检疫或者技术鉴定的期间应当明确，并书面告知当事人。检测、检验、检疫或者技术鉴定的费用由行政机关承担。

（5）对查封、扣押的场所、设施或者财物，行政机关应当妥善保管，不得使用或者损毁；造成损失的，应当承担赔偿责任。对查封的场所、设施或者财物，行政机关可以委托第三人保管，第三人不得损毁或者擅自转移、处置。因第三人的原因造成的损失，行政机关先行赔付后，有权向第三人追偿。因查封、扣押发生的保管费用由行政机关承担。

（6）行政机关采取查封、扣押措施后，应当及时查清事实，在《行政强制法》第 25 条规定的期限内作出处理决定。对违法事实清楚，依法应当没收的非法财物予以没收；法律、行政法规规定应当销毁的，依法销毁；应当解除查封、扣押的，作出解除查封、扣押的决定。

本案中，执法机关不得扣押与违法行为无关的财物，在实施扣押措施时应当制作扣押清单，并将扣押决定书送达当事人，使当事人能够明白扣押的物品、扣押的依据等。执法部门扣押物品将近 3 个月，无任何申请批准延长扣押期限的措施，已经超出了法定的扣押物品的期限。执法机关应当对自己不妥善保管物品的行为承担赔偿责任。

5 在什么情况下，行政机关应当解除查封、扣押措施？

情景再现

某日，执法机关接到群众举报，称某公司在没有取得相应资格认证的情况下擅自经营。初步调查后，执法机关将涉案的部分物品予以扣押。后因案情复杂，违法行为查处时间过长，超过扣押期限，执法机关决定解除扣押。

法律分析

在行政执法领域，查封、扣押是行政机关对行政管理相对人的财物流转进行限制的行政强制措施，是一种具体行政行为。根据《行政强制法》第28条的规定，有下列情形之一的，行政机关应当及时作出解除查封、扣押决定：（1）当事人没有违法行为；（2）查封、扣押的场所、设施或者财物与违法行为无关；（3）行政机关对违法行为已经作出处理决定，不再需要查封、扣押；（4）查封、扣押期限已经届满；（5）其他不再需要采取查封、扣押措施的情形。解除查封、扣押应当立即退还财物。已将鲜活物品或者其他不易保管的财物拍卖或者变卖的，退还拍卖或者变卖所得款项。变卖价格明显低于市场价格，给当事人造成损失的，应当给予补偿。

同时，在实施行政强制措施之前，应当注意“三个不得”：（1）不得查封、扣押与违法行为无关的场所、设施或者财物。对违法嫌疑人随身携带的与案件无关的物品，应当按照有关规定予以登记、保管、退还。（2）不得查封、扣押公民个人及其所扶养家属的生活必需品。行政机关在实施查封、扣押过程中，应当充分照顾到公民及其扶养家属的生存权利，控制在合理的限度内，不得查封、扣押公民个人及其有扶养关系的夫妻、父母子女、兄弟姐妹等家属的生活必需品。对“生活必需品”的认定，有赖于行政执法人员在执法过程中依据具体情况作出行政裁量。(3) 当事人的场所、设施或者财物已被其他国家机关依法查封的，不得重复查封。在某一特定的场所、设施或者财物上，在同一时间内只能排他性地存在一个查封措施，而不论该查封措施的性质及目的是什么，如果涉案的场所、设施或者财物曾经一度被查封，但是查封措施已经解除，行政机关可以依据法定程序对涉案的场所、设施或者财物采取查封措施，这并不构成重复查封。

6 行政机关是否可以不经催告直接做出强制执行决定?

情景再现

李某在某市某区拥有自建楼房一处。2020 年 9 月 23 日，该市规划和自然资源委员会对李某作出《限期拆除违法建筑决定书》，并将限期拆除决定移交某区政府强制执行。某区政府于 2020 年 10 月 10 日向李某发出催告，限李某 2 日内自行拆除违法建筑。2020 年 10 月 11 日某区政府作出强制执行公告和强制执行决定，并于 2020 年 10 月 27 日，组织多个部门对李某的自建楼房进行强制拆除。

法律分析

催告程序是指当义务人逾期不履行生效法律文书中指定的义务时，行政机关通知义务人在一定期限内自觉履行义务，并告知相对人不履行义务将产生不利后果的程序。催告程序的目的是使相对人明悉强制执行的可能性，督促其履行义务，是对相对人的再一次说服教育，有助于实现“自动履行”的原则。按照《行政强制法》第35条的规定，行政机关作出强制执行决定前，应当事先催告当事人履行义务。并且，催告应当以书面形式作出，并载明下列事项：（1）履行义务的期限；（2）履行义务的方式；（3）涉及金钱给付的，应当有明确的金额和给付方式；（4）当事人依法享有的陈述权和申辩权。经催告，当事人逾期仍不履行行政决定，且无正当理由的，行政机关可以作出强制执行决定，或者申请人民法院强制执行。也就是说，如无催告程序，则不能进入强制执行程序。因此，催告程序是行政强制执行的前置程序。

另外应当注意的是，催告行为是不能创设权利义务的告知行为。催告书依附于行政决定，其内容无一不是行政决定内容的“重述”和具体化，是对怠于履行行政决定规定义务的行政相对人的“最后通牒”。因此，催告行为本身不能创设权利义务。

7 实施行政强制执行措施时，行政机关是否可以与当事人达成执行协议？

情景再现

某市政府进行街区旧城改造，屈某房屋坐落在某区西街，位于旧城改造范围内。后屈某与拆迁指挥部签署了协议书，协议书中对房屋征收安置、搬迁过渡、费用结算等情况进行了具体约定。协议约定屈某应在7日内腾空房屋。协议签订后，屈某未在约定时间内履行交房义务。某区人民政府组织人员对屈某的房屋进行了强制拆除。

法律分析

行政强制执行是指特定行政机关采取强制手段保障法律、法规和行政决定得到贯彻落实的一种执法行为。其特点表现为：(1) 行政性，发生于行政管理过程中，由特定行政机关实施；(2) 强制性，基于国家行政机关的权力作用，强行抑制相对人的意志，迫使相对人服从；(3) 执行性，旨在确保实现法律、法规或行政决定所要求达到的行政管理的目的和状态。这是行政强制执行最本质的特征。根据《行政强制法》第42条的规定，实施行政强制执行，行政机关可以在不损害公共利益和他人合法权益的情况下，与当事人达成执行协议。执行协议可以约定分阶段履行；当事人采取补救措施的，可以减免加处的罚款或者滞纳金。执行协议应当履行。当事人不履行执行协议的，行政机关应当恢复强制执行。

8 行政机关在什么情形下可以中止行政强制执行？

情景再现

王某因行政违法，被执法机关处以10万元罚款。王某限期不予缴纳，执法机关又对王某加收1万元滞纳金，王某仍然不予履行。后来在对王某进行强制执行的过程中发现，王某罹患严重疾病，家庭生活极其困难，暂无缴纳罚款、滞纳金的能力。执法机关决定中止执行。那么家庭极其困难，无力缴纳罚款是否可以中止执行，中止执行之后是否就不再执行？

法律分析

一般情况下，强制执行以实现行政管理目的为终点，不能随意停止或者中途放弃。考虑到实践中有时会出现某种无法克服和难以避免的特殊情况，使强制执行程序不能进行或者不宜继续进行，应当暂时停止。因此，中止执行只是强制执行程序的中断，而非终止，待法定中止情形消除以后，行政机关应当恢复执行。对于某些行政决定确定的当事人义务，如果不予强制执行对社会和公共利益没有明显的危害，并且当事人确实无能力履行的状态一直在持续，中止执行3年没有恢复执行的，行政机关将不再执行。根据《行政强制法》第39条第1款的规定，引起中止执行的法定情形主要有4种：

（1）当事人履行行政决定确有困难或者暂无履行能力的。具体包括4种情形：①发生当事人无法预见、无法预防、无法避免和无法控制的不可抗力事件，如海啸、地震等自然灾害，导致当事人不能如期履行义务；②当事人经济或者生活困难，除维持家庭基本生活以外，无力履行金钱给付等义务；③当事人由于突发疾病等身体健康原因暂不能履行义务；④其他原因。

（2）第三人对执行标的主张权利，确有理由的。第三人是指当事人以外的，法律上的利益或者权利受到强制执行影响的公民、法人或者其他组织。第三人主张权利的内容主要是物权或者债权，如第三人对执行标的主张抵押权、质权、所有权以及因租赁关系而享有的使用权等。此种情况下，执行标的是有争议的标的，需要确定权属后才能执行；如果第三人确有理由的，应当中止执行。这是基于保护第三人利益的角度作出的规定。

（3）执行可能造成难以弥补的损失，且中止执行不损害公共利益的。强制执行应当坚持比例原则，应采取最小损害的方式实现行政管理目的。当某些行政强制执行可能会给当事人的权益造成无法弥补的损失，而中止执行又对公共利益无害，那么行政机关应当在综合考量各种因素的基础上，作出中止执行的决定。

（4）行政机关认为需要中止执行的其他情形。例如，行政机关发现据以执行的行政决定存在违法或者不当的问题，需要立即中止执行，待查明情况后再作决定。例如，强制执行可能导致被执行人过激行为，如自杀或暴力对抗的，为避免悲剧发生，行政机关也应当中止执行。

9　行政机关在什么情况下可以代履行，应当遵守哪些规定？

情景再现

王某违反道路交通安全法规关于机动车停放、临时停车的规定，将其机动车任意停放在道路中间，严重妨碍其他车辆、行人通行，公安机关交通管理部门将其机动车拖至指定的地点停放，拖车费用由王某承担。

法律分析

所谓代履行，顾名思义是指义务人不履行行政法规定的义务，由他人代为履行可以达到相同目的的，行政机关可以自己代为履行或者委托第三人代为履行，向义务人行征收代履行费用的强制执行制度。代履行主要适用于排除障碍、强制拆除等可以由他人代替履行的作为义务。代履行的前提是当事人逾期不履行，经催告仍不履行，其后果已经或者将危害交通安全、造成环境污染或者破坏自然资源。代履行属于间接强制执行的一种，与加处罚款或者滞纳金均属于间接强制执行方法。直接强制与间接强制的本质区别在于直接强制对当事人的人身、财产具有直接的强制性，通过外部强制力量作用于当事人的人身或者财物，以达到行政决定义务履行的状态。而间接强制执行不具有直接的强制性，是通过给予当事人外部压力，迫使其自动履行或者通过他人代为履行达到履行的目的，将行为履行义务转化为金钱给付义务的方式实现义务的履行。代履行只能由行政机关或者行政机关委托的第三人代替当事人履行本应由当事人履行的义务。

行政机关依法作出行政决定后，当事人在行政机关决定的期限内不履行义务的，具有行政强制执行权的行政机关应当事先催告当事人履行义务。当事人收到催告书后有权进行陈述和申辩。行政机关应当充分听取当事人的意见，对当事人提出的事实、理由和证据，应当进行记录、复核。当事人提出的事实、理由、证据成立的，行政机关应当采纳。经催告，当事人逾期仍不履行行政决定，且无正当理由的，行政机关可以作出代履行的强制执行决定。

第六章

行政诉讼法律知识

1 在行政诉讼中，举证责任如何分配？

情景再现

张某所住的某栋楼前全是低层建筑，因此站在张某家向外看视野很好。近期张某家前的房子被拆迁了，据说还要盖高层建筑，张某害怕自己视野受阻，以及将来房子盖好后，与自己家楼房的楼间距过窄影响采光等。于是，张某以被告某规划和自然资源委员会为第三人李某颁发《建设工程规划许可证》的行为影响其通行为由，请求撤销该证。该案中原被告双方的举证责任应当如何分配呢？

法律分析

在民事诉讼中，奉行的一般为“谁主张，谁举证”的原则，但是，在行政诉讼过程中，一方当事人为国家行政主体，另一方当事人为行政相对人，法律地位存在明显的差距，如果也适用该原则的话，会导致司法不公的存在。

行政诉讼不同于民事诉讼，由被告行政机关负举证责任，即被告对作出的行政行为的合法性负举证责任。依据《行政诉讼法》第 34 条规定，被告对作出的行政行为负有举证责任，应当提供作出该行政行为的证据和所依据的规范性文件。这是《行政诉讼法》对被告举证责任范围的规定。

但在行政诉讼中，被告并不是对所有的待证事实都承担举证责任，原告对某些事项也将承担一定的举证责任。

如《最高人民法院关于行政诉讼证据若干问题的规定》第 4 条规定，公民、法人或者其他组织向人民法院起诉时，应当提供其符合起诉条件的相应的证据材料。在起诉被告不作为的案件中，原告应当提供其在行政程序中曾经提出申请的证据材料。第 5 条规定，在行政赔偿诉讼中，原告应当对被诉具体行政行为造成损害的事实提供证据。

本案中，张某以被告某规划和自然资源委员会为第三人李某颁发《建设工程规划许可证》的行为影响其通行为由，请求撤销该证。本案中原告应提交其与第三人房宅之间通道应为多宽的有关规划性材料，以证明被告的颁证行为侵犯了其合法权益。而根据《城乡规划法》第 40 条的规定，被告在为第三人颁发《建设工程规划许可证》前也应审查第三人申请建设的建筑物是否符合规划条件，是否影响原告及其他邻居的通行。所以在诉讼中被告也应提供第三人与原告房宅之间通道应为多宽的有关规划性材料，以证明自己的颁证行为未侵犯原告的通行权。

2 行政案件是否可以调解?

情景再现

原告汪某与某省某所签订租用荒地协议书，协议约定原告汪某租赁某省某所一块荒地，建养猪场。过了几年，该省辖市某局依据《城乡规划法》《土地法》向原告汪某下达责令限期改正通知书，通知原告养殖场内建铁棚，未经部门审批，违反相关法律规定，限期自行拆除，否则由政府处理，被告某局在向原告送达该通知书时，原告拒绝签字。于是，被告某局与被告某乡政府共同将原告的场房拆除。原告不服，要求被告赔偿其养殖场场房被拆的损失或者恢复原状。本案中原被告双方是否可以调解?

法律分析

根据《行政诉讼法》第60条的规定，人民法院审理行政案件，不适用调解。但是，行政赔偿、补偿以及行政机关行使法律、法规规定的自由裁量权的案件可以调解。调解应当遵循自愿、合法原则，不得损害国家利益、社会公共利益和他人合法权益。

从法理上说，行政诉讼是法院依公民诉请，履行对行政行为的司法审查职责，强调司法审查行政行为的合法性。民事诉讼调整平等主体之间的权利义务，只要当事人愿意，是可以调解的。在行政诉讼中，原则上是不适用调解的，因为行政机关的行政权力来自法律赋予的国家公权力，既是行政机关的权力，也是其自身的职责，行政机关不能随意处分，也就不能进行调解。但行政行为中还包括许多行政机关自由裁量的行为，比如罚款、拘留等。行政赔偿、补偿以及行政机关行使法律、法规规定的自由裁量权的案件可以进行调解。

本案原告提起行政诉讼的诉请暗含着法院需要首先确认被告的具体行政行为是否违法。被告的具体行政行为是否违法是不能进行调解的。因为，行政诉讼是维护公民、法人和其他组织合法权益，监督行政机关依法行使职权的重要制度，人民法院在审理行政案件中应当坚持合法性审查原则。但是有时仅对行政行为的合法性进行审理和判决难以实现案结事了。本案的主审法官多次组织原、被告在当地进行协商，最终原、被告就养殖场场房的赔偿数额达成协议，被告赔偿原告养殖场损失后，原告向本院申请撤诉。原、被告就赔偿数额达成一致意见，实质上是法官适用《行政诉讼法》在行政诉讼调解的适用范围内，积极运用协调等手段推动行政争议实质性解决。

3 在行政诉讼中，被告拒不到庭应当承担什么责任？

情景再现

张先生在某街道办事处拥有房屋一处，某日，街道办事处工作人员在没有任何前置程序且未通知张先生的情况下将张先生的房屋强行拆除。4个月后，张先生找到律师代理此案，向当地人民法院提起诉讼，请求确认街道办事处强制拆除行为违法。案件正式立案以后，人民法院依照法定程序，向被告街道办事处送达了起诉状副本、应诉通知书和举证通知书，然而10日后，被告街道办仍没有向法院递交任何关于强制拆除行为的证据和法律依据。在正式开庭前，人民法院依法向被告送达了传票，但是开庭当天，被告街道办事处没有到庭参加诉讼。街道办事处作为被告拒不到庭应当承担什么责任？

法律分析

实践中，行政诉讼有时会面临“告官不见官”的尴尬，有些行政机关不到庭应诉，或者中途随意退庭，影响了案件的正常审理。为了尽可能地减少这种不利影响，我国《行政诉讼法》规定了缺席判决制度，法院可以依法向相关责任主体提出司法建议。

根据《行政诉讼法》第58条规定，经人民法院传票传唤，原告无正当理由拒不到庭，或者未经法庭许可中途退庭的，可以按照撤诉处理；被告无正当理由拒不到庭，或者未经法庭许可中途退庭的，可以缺席判决。

根据《行政诉讼法》第66条第2款规定，人民法院对被告经传票传唤无正当理由拒不到庭，或者未经法庭许可中途退庭的，可以将被告拒不到庭或者中途退庭的情况予以公告，并可以向监察机关或者被告的上一级行政机关提出依法给予其主要负责人或者直接责任人员处分的司法建议。

本案中，作为被告的街道办事处在没有向法院作任何说明的情况下，无故缺席庭审。在这种情况下，法官可依法对本案进行缺席审判，并按照庭审程序继续审理本案。庭审结束后，法院可就被告街道办无正当理由拒不出庭的事实向监察机关或者被告的上一级行政机关提出依法给予其主要负责人或者直接责任人员处分的司法建议。一方面，街道办的缺席使其丧失了自身陈述抗辩的权利，对诉讼产生不利影响。另一方面，法院的司法建议制度也能督促行政机关依法行政。

4 在行政诉讼中，被告改变之前作出的行政行为应当如何处理？

情景再现

小张在路边停车时，车辆被交警部门贴了罚单。小张认为，车辆属于正常停放，不属于交通违法行为，将交警部门诉至法院，要求确认交警部门行政违法，并撤销罚单。法院受理案件后，交警部门主动将罚单撤销。

法律分析

行政诉讼一审过程中，被告改变具体行政行为的情形经常发生。被告行政机关改变被诉具体行政行为属于主动纠正错误，法院应当允许。但由于行政诉讼的核心是被诉具体行政行为的合法性审查，被告改变具体行政行为可能会对诉讼程序产生影响，须遵守一定的规则。被告在一审期间改变具体行政行为的，应当书面告知法院。因为被诉的具体行政行为已处于诉讼过程中，法院是诉讼活动的主持者，为了维护诉讼秩序的稳定、正常进行，被告行政机关有义务将改变后的具体行政行为告知法院。

如果原告对改变后的具体行政行为满意，一般会提出撤诉的要求，由法院裁定是否准许。如果原告不撤诉，法院仍应继续审查原具体行政行为。但由于原具体行政行为已经被撤销或变更，法院经审查认为原具体行政行为违法的，就应当作出确认其违法的判决；认为原具体行政行为合法的，应判决驳回原告的诉讼请求。

如果原告对改变后的行为不服提起诉讼，法院应当审理改变后的具体行政行为。

对于原告起诉被告不作为的案件，在诉讼中被告作出具体行政行为，原告不撤诉的，法院应继续审查被告的不作为是否合法。

尽管法律并未禁止被告在一审期间改变被诉具体行政行为，但在二审程序中，行政机关不得改变其原具体行政行为。因为在一审程序中，行政机关的具体行政行为已经法院审查，无论合法还是违法均已经国家审判权确认，行政机关对此完全失去处分权。

5 法院判决撤销行政行为后，被告重新作出相同行政行为的，如何处理？

情景再现

王某系某市铁路局工作人员，在工作中晕倒，经抢救无效死亡。铁路局认为王某的死亡符合《工伤保险条例》视同工伤的法定情形，向某省人力资源和社会保障厅提交工伤认定申请。某省人力资源和社会保障厅作出《不予认定工伤决定书》。王某妻子曾某不服并向法院提起行政诉讼。法院以该决定事实不清、证据不足为由判决撤销，并责令被告于判决生效后60日内重新作出决定。随后，某省人力资源和社会保障厅重新作出《不予认定工伤决定书》。曾某不服并向省政府提出行政复议。复议机关审理查明后，决定撤销该决定，并责令被申请人依据《工伤保险条例》的规定再次作出工伤认定。

法律分析

《行政诉讼法》第70条规定，行政机关有下列情形之一的，人民法院判决撤销或者部分撤销，并可以判决被告重新作出行政行为：(1) 主要证据不足的；(2) 适用法律、法规错误的；(3) 违反法定程序的；(4) 超越职权的；(5) 滥用职权的；(6) 明显不当的。第71条规定，人民法院判决被告重新作出行政行为的，被告不得以同一事实和理由作出与原行政行为基本相同的行政行为。

若法院依据《行政诉讼法》第70条第3项的规定判决撤销或者部分撤销行政机关作出的行政行为，并责令行政机关重新作出行政行为，由于其不涉及实体性问题，在法理上，原来的事实和理由仍然可以适用于重新作出的行政行为。故行政机关可以依合法程序重新作出与原行政行为结果基本相同的行政行为。

若法院依据《行政诉讼法》第70条第3项以外的规定，判决撤销或者部分撤销行政机关作出的行政行为，并责令行政机关重新作出行政行为，由于其均涉及实体性问题，故行政机关不得基于同一事实和理由作出与原行政行为结果基本相同的行政行为。

本案中，某省人力资源和社会保障厅第一次作出的《不予认定工伤决定书》，因事实不清、证据不足，被法院依据《行政诉讼法》第70条第1项的规定判决撤销，责令重新作出决定，属于实体违法，因此行政机关在没有新证据的情况下，不得作出与原行政行为结果基本相同的行政行为。

法院判决生效后，被告违反《行政诉讼法》第71条之规定，依据同一事实和理由作出与原行政行为基本相同的行政行为，应如何处理？

原告不服行政机关重新作出的行政行为，向法院提起行政诉讼的，法院应当根据《行政诉讼法》第70条第1项、第71条的规定，判决撤销并责令行政机关重新作出行政行为。同时，可以根据该法第96条第4项的规定，向监察机关或者该行政机关的上一级行政机关提出司法建议。接受司法建议的机关，根据有关规定进行处理，并将处理情况告知法院。

申请人不服行政机关重新作出的行政行为，向复议机关提出行政复议的，复议机关应当根据《行政复议法》第28条第1款第3项第1目的规定，撤销并责令行政机关重新作出行政行为。同时，可以根据该法第37条的规定，对直接负责的主管人员和其他直接责任人员依法给予警告、记过、记大过的行政处分；经责令履行仍拒不履行的，依法给予降级、撤职、开除的行政处分。

6 哪些案件不属于行政案件的管辖范围？

情景再现

小王在某地公安局工作，他的同事小张被任命为部门负责人。小王心里不服气，认为小张不符合该部门负责人的职位要求。小王遂向法院起诉某地公安局，要求撤销任命。请问小王是否有权向法院起诉，要求撤销对同事小张的任命吗？

法律分析

虽然被告是行政机关，但行政诉讼无法受理此类案件。依照《行政诉讼法》《最高人民法院关于适用〈中华人民共和国行政诉讼法〉的解释》等相关规定，下列事项不属于行政诉讼的受理范围：（1）国防、外交等国家行为，指国务院、中央军事委员会、国防部、外交部以国家名义实施的有关国防、外交事务的行为，以及经宪法和法律授权宣布紧急状态、实施戒严和总动员等行为。（2）抽象行政行为，行政法规、规章或者行政机关制定、发布的具有普遍约束力的决定、命令。（3）内部人事管理行为，行政机关对所属行政机关工作人员所作的任免、奖惩、调动、福利等决定，工作人员不服的不可以提起行政诉讼。（4）法定由行政机关终局裁决的行政行为。（5）刑事司法行为，公安、国家安全等机关依照刑事诉讼法的明确授权实施的行为，这是一种形式意义上的行政行为，但实质意义上则为司法行为。公安、国家安全机关行使职权具有双重性质，这里的刑事诉讼行为不受行政法规则调整和支配。（6）行政调解行为与法定行政仲裁行为，调解是一种当事人自愿接受的“管辖”，对当事人权利、义务发生影响的决定因素是其意思表示，而非行政机关的意志。行政调解只是一种行政的规劝、建议，达成调解协议主要依赖平等主体间让渡权利、处分权利。劳动仲裁或其他法定仲裁的主体往往不是行政机关，故而对调解行为和仲裁行为不服不可以提起行政诉讼。（7）不具强制力的行政指导行为，因不具有强制性，没有必要通过诉讼途径来解决。（8）重复处理行为，重复处理行为没有对相对人的权利、义务发生新的得、丧、变更的影响，只是对以往结论的肯定和维持，故而，不能提起行政诉讼。（9）对相对人权利、义务不产生实际影响的行为，主要是指行政行为有效成立以前的内部运作、程序性的准备行为、调查取证等事实行为，此种行为尚未发生使相对人的权利、义务产生得、丧、变更变化的实际效果。

本案中，小王所在单位对小张的人事任命属于内部人事管理行为。小王对此不服气、不理解，是不可提起诉讼的，如果小王认为小张不符合职位要求有具体的依据、线索，可以向本单位提出异议，涉嫌违法违纪的，还可以举报。

7 在行政诉讼中，满足什么条件可以适用简易程序？

情景再现

2020年9月24日上午10时，王某诉广汉市社会保险事务中心一案在什邡法院公开开庭审理。与以往不同的是，该案适用了《行政诉讼法》确立的行政诉讼简易程序，从开庭到宣判仅25分钟，极大提高了诉讼效率。是否每一件行政案件都可以适用简易程序呢？

法律分析

不是所有的行政诉讼都可以适用简易程序。依据《行政诉讼法》第82条规定，人民法院审理下列第一审行政案件，认为事实清楚、权利义务关系明确、争议不大的，可以适用简易程序：(1) 被诉行政行为是依法当场作出的；(2) 案件涉及款额 2000 元以下的；(3) 属于政府信息公开案件的。除前款规定以外的第一审行政案件，当事人各方同意适用简易程序的，可以适用简易程序。发回重审、按照审判监督程序再审的案件不适用简易程序。

适用简易程序审理行政案件，由审判员独任审理，可以采用口头通知、电话、短信、传真、电子邮件等简便方式传唤当事人、证人、送达裁判文书以外的诉讼文书，并应当在立案之日起 45 日内审结，不得延长审理期限，从而实现节约当事人成本和司法资源的目的。

本案中，程序的简化、审限的缩短并不意味着以牺牲办案质量为代价。随着我国的法治水平不断提高，法治建设不断深入，行政案件类型与数量逐年增长，人案矛盾日益突出，实行行政案件的繁简分流，做到简案快审、提高效率，节约资源，实现多快好省办案效果具有重大意义。

8 行政机关拒绝履行判决、裁定、调解书的，人民法院可以采取哪些措施？

情景再现

广东某文物珠宝及家私代购站经理马某在江西宜黄县棠阴

镇收购旧木家私时，被宜黄县公安局以走私、贩卖文物为由进行扣押。随后，公安机关将马某送进看守所收容审查10天，并没收其随身携带的4.8万余元业务费和3件旧家私。同时，马某另向宜黄县公安局交纳罚款1.12万元。马某不服，向广东新会市法院提起行政诉讼。随后，法院作出一审判决，判处撤销宜黄县公安局作出的对马某收容审查的具体行政行为，同时责令宜黄县公安局返还并赔偿其经济损失6.4万余元，以及3件旧家私。判决生效后，宜黄县公安局一直拒绝执行。新会市法院委托宜黄县法院执行，但该判决一直形同空文，截至近日该笔执行款通过计算利率已累计达数十万元。

法律分析

按照我国法律规定，公民、法人需要按照法院判决书、裁定、调解书执行，即便是行政机关也应当依法履行。

根据《行政诉讼法》第96条规定，行政机关拒绝履行判决、裁定、调解书的，第一审人民法院可以采取下列措施：(1) 对应当归还的罚款或者应当给付的款额，通知银行从该行政机关的账户内划拨。(2) 在规定期限内不履行的，从期满之日起，对该行政机关负责人按日处50元至100元的罚款。(3) 将行政机关拒绝履行的情况予以公告。(4) 向监察机关或者该行政机关的上一级行政机关提出司法建议。接受司法建议的机关，根据有关规定进行处理，并将处理情况告知人民法院。（5）拒不履行判决、裁定、调解书，社会影响恶劣的，可以对该行政机关直接负责的主管人员和其他直接责任人员予以拘留；情节严重，构成犯罪的，依法追究刑事责任。

本案中，公安机关作为被执行主体，应当依法按照法院判决书执行，人民法院可以依法采取上述措施，使行政机关真正认识到法律的威严，尊重司法权威，把依法治国的理念贯彻到实际行动中。

第七章

保密法律知识

1 哪些事项属于国家秘密？

情景再现

2017年2月，李某借调到原银监会工作，通过微信将当时央行制定的、尚处于内部征求意见阶段的《关于规范金融机构资产管理业务的指导意见》及起草说明拍照并发给前同事，由此造成国家秘密泄露，最终被判故意泄露国家秘密罪，处有期徒刑一年。那么哪些事项属于国家秘密？

法律分析

国家秘密是关系国家安全和利益，依照法定程序确定，在一定时间内只限一定范围的人员知悉的事项。根据《保守国家秘密法》第9条第1款，下列涉及国家安全和利益的事项，泄露后可能损害国家在政治、经济、国防、外交等领域的安全和利益的，应当确定为国家秘密：（1）国家事务重大决策中的秘密事项；（2）国防建设和武装力量活动中的秘密事项；（3）外交和外事活动中的秘密事项以及对外承担保密义务的秘密事项；

（4）国民经济和社会发展中的秘密事项；（5）科学技术中的秘密事项；（6）维护国家安全活动和追查刑事犯罪中的秘密事项；（7）经国家保密行政管理部门确定的其他秘密事项。政党的秘密事项中符合该款规定的，也属于国家秘密。

国家秘密具备以下三个要素：（1）“关系国家安全和利益”，是构成国家秘密的实质要素，是指某一事项一旦泄露会使国家安全和利益受到损害。这是国家秘密的本质属性。（2）“依照法定程序确定”，是构成国家秘密的程序要素，是指根据定密权限，按照国家秘密及其密级具体范围的规定，确定国家秘密的密级、保密期限、知悉范围，并作出国家秘密标志，做到权限法定、依据法定、内容法定、标志法定。一项关系国家安全和利益的事项，只有依照法定程序确定为国家秘密，才具有国家秘密的法律地位，受到法律保护。（3）“在一定时间内只限一定范围的人员知悉”，是构成国家秘密的时空要素，是指关系国家安全和利益的秘密事项，在依照法定程序确定为国家秘密后，应当限定在一定的时间和空间范围内，即在保密期限内，不能超出限定的知悉范围。

本案中，央行制定的、尚处于内部征求意见阶段的《关于规范金融机构资产管理业务的指导意见》及起草说明属于国家秘密，泄露后可能损害国家在政治、经济、国防、外交等领域的安全和利益。李某的行为已经违反《保守国家秘密法》的规定，故意泄露国家秘密，情节严重，其行为已构成故意泄露国家秘密罪，依法应予惩处。

2 如何确定国家秘密的知悉范围？

情景再现

某市政法委互联网计算机中存储了 1 份秘密级国家秘密。该市委宣传部牵头开展课题研究，要求相关单位提供材料。市委政法委指定借调人员蔡某整理报送。蔡某因工作疏忽，将 1 份秘密级文件混同在报送材料中，未进行保密审查，也未经领导审批，擅自通过内网将材料发送到市委宣传部。市委宣传部宋某收到材料后，没有审核把关，直接通过互联网电子邮箱将包括涉案文件在内的有关材料发送给课题负责人，被其存储在连接互联网的计算机中。

法律分析

《保守国家秘密法》第 16 条规定，国家秘密的知悉范围，应当根据工作需要限定在最小范围。国家秘密的知悉范围能够限定到具体人员的，限定到具体人员；不能限定到具体人员的，限定到机关、单位，由机关、单位限定到具体人员。国家秘密的知悉范围以外的人员，因工作需要知悉国家秘密的，应当经过机关、单位负责人批准。

国家秘密的知悉范围，应当根据工作需要限定在最小范围。本案中，借调人员蔡某在整理报送材料时将秘密级国家机密泄露，市委宣传部宋某接到材料后未审核把关，直接通过互联网转发。可见相关主管单位保密管理松懈，没有严格限定涉密人员范围，对干部职工保密教育培训不够，干部职工保密意识淡漠，造成了恶劣影响。

3 行政机关的工作人员使用个人电脑向同事传输保密文件是否违法？

情景再现

李某是某公安局案件侦办大队的刑警。一次，李某在配合国安局工作人员处理案件的过程中，因为时间紧急将单位加密计算机里的加密文件用私人优盘拷到个人电脑中处理并向同事传输。李某的行为是否符合法律规定？

法律分析

依据《保守国家秘密法》第24条规定，机关、单位应当加强对涉密信息系统的管理，任何组织和个人不得使用非涉密计算机、非涉密存储设备存储、处理国家秘密信息，也不得在未采取防护措施的情况下，在涉密信息系统与互联网及其他公共信息网络之间进行信息交换。如果公务人员存在上述行为，依据《保守国家秘密法》第48条规定，使用非涉密计算机、非涉密存储设备存储、处理国家秘密信息的，或者在互联网及其他公共信息网络或者未采取保密措施的有线和无线通信中传递国家秘密的，都将依法受到处分，构成犯罪的，依法追究刑事责任。

本案中李某并非故意违反国家法律的规定，但是李某由于法律意识淡薄，平常不注意学习实施了违法行为。李某作为公安干警，更应该严格遵守国家的法律规定，因为李某的疏忽很可能造成国家秘密的泄露，故此应当对李某进行相应处分。

4　机关、单位对所产生的国家秘密，认为符合解密条件时，应当怎样处理？

情景再现

某市中级人民法院的工作人员武某之前在法院刑庭工作。武某在工作中使用的是涉密计算机，不能连接外网，拷贝数据使用的也是“安全优盘”。因此，在武某的印象中，有关案件的信息应当属于国家秘密，不能为外人知晓。后来武某调到该单位档案室工作。遇到有群众携带齐全的材料来复印案件卷宗，武某也一律拒绝，理由是档案涉密，不能复印。武某的行为是否符合法律规定？

法律分析

机关、单位对所产生的国家秘密，认为符合解密条件的情形包括两种情况。第一种是国家秘密的保密期限已满，第二种是保密期限未满。

针对第一种情况，依据《保守国家秘密法》第14条规定，机关、单位对所产生的国家秘密事项，应当按照国家秘密及其密级的具体范围的规定确定密级，同时确定保密期限和知悉范围。机关、单位确定的国家秘密的保密期限已满的，自行解密。

针对第二种情况，在保密期限未满的情况下，机关、单位也应当定期审核所确定的国家秘密。《保守国家秘密法实施条例》第16条规定，机关、单位对所产生的国家秘密，认为符合保密法有关解密或者延长保密期限规定的，应当及时解密或者延长保密期限。对在保密期限内因保密事项范围调整不再作为国家秘密事项，或者公开后不会损害国家安全和利益，不需要继续保密的，应当及时解密。

本案武某在刑庭工作时，正在审理的案件的卷宗材料确实属于人民法院产生的国家秘密，属于应当保密的内容。但是，一旦案件经过公开审理并作出判决，依法应当公开的裁判文书应当对外公布，已经不属于国家秘密的范畴。武某一律不允许群众复印是不符合法律规定的。

5　涉密人员是否一律不得出境？

情景再现

戚某任职于某省国家安全厅，并且负责侦办具体案件。戚某与妻子结婚20余年，一直忙于工作，很少有机会陪伴妻子出去旅游。戚某的妻子心心念念想要和戚某出国旅游一次，总是找戚某商量。戚某也觉得亏欠妻子，但是现在手上还有多个案件未结，不知道能否答应妻子的要求。

法律分析

戚某任职于省国家安全厅，并负责具体案件的办理，属于涉密人员，出境是要受到限制的，这是涉密人员的工作性质决定的。依据《保守国家秘密法》第37条规定，涉密人员出境应当经有关部门批准，有关机关认为涉密人员出境将对国家安全造成危害或者对国家利益造成重大损失的，不得批准出境。法律对涉密人员出境规定了具体的要求和审批流程。涉密人员必须遵照执行。加强涉密人员的出境管理，既是保障国家秘密安全，同时也是对涉密人员的保护。可见，涉密人员虽然需要经批准才能出境，也并非一律不得出境，只要符合法律规定即可。

本案中，戚某确实不能随意答应妻子出国旅游，因为戚某能否出境须经审批才能得知。

6 涉密人员是否需要终身保守国家秘密？

情景再现

小张考取了某市国家安全局的公务员。小张的爷爷年事已高，且一直因病卧床。在小张工作了几年之后，他的爷爷将小张唤到床前，对小张讲述了自己的生平事迹。全家这才知道，爷爷年轻的时候是一名军人，且参与过原子弹爆炸试验。当时爷爷向国家保证不把参与试验的一切信息告诉任何人，现在感觉自己时日不多，还是想告诉家人们自己当年曾经参与过的事件。但是小张的爷爷也提到，说出来是满足了自己的愿望，但是有愧于国家。

法律分析

依据《保守国家秘密法》第 15 条规定，国家秘密的保密期限，应当根据事项的性质和特点，按照维护国家安全和利益的需要，限定在必要的期限内；不能确定期限的，应当确定解密的条件。国家秘密的保密期限，除另有规定外，绝密级不超过 30 年，机密级不超过 20 年，秘密级不超过 10 年。因此在没有特别约定的情况下，依据国家秘密的密级不同，涉密人员的保密期限也不同。机关、单位在确定具体的保密期限时，应当根据工作需要，在上述时间内确定一个具体、合理的保密期限。但是不排除“另有规定”的情况下，国家秘密的保密期限为长期。这种情况需要有明确的规定为前提，且多数情况下还应当与涉密人员另行签订保密协议。

本案中，小张的爷爷需要保守的秘密如果是划分了密级的，那么小张爷爷的最长保密期限为30年，若小张爷爷需要保守的秘密附有解密条件或是保密期限为长期，那么在未达到解密条件时，小张爷爷就需要一直保守秘密。

7　机关、单位如不配合保密检查或者泄露国家秘密案件查处，应当怎样处理？

情景再现

某日，省国家安全厅的工作人员持工作证以及相关手续，前往某市检察院查阅案件卷宗，该案件涉及一个泄露国家秘密案件的查处，检察院的具体案件承办人将此事汇报给主管副检察长。副检察长认为无论涉及什么案件，他人都无权查阅检察院的案件卷宗，因此不予配合。

法律分析

依据《保守国家秘密法》第44条规定，保密行政管理部门对机关、单位遵守保密制度的情况进行检查，有关机关、单位应当配合。保密行政管理部门发现机关、单位存在泄密隐患的，应当要求其采取措施，限期整改；对存在泄密隐患的设施、设备、场所，应当责令停止使用。对严重违反保密规定的涉密人员，应当建议有关机关、单位给予处分并调离涉密岗位。发现涉嫌泄露国家秘密的，应当督促、指导有关机关、单位进行调查处理。涉嫌犯罪的，移送司法机关处理。如果机关、单位对违反保密规定的人员不依法给予处分的，保密行政管理部门应当建议纠正，对拒不纠正的，提请其上一级机关或者监察机关对该机关、单位负有责任的领导人员和直接责任人员依法予以处理。

依据《保守国家秘密法实施条例》第40条规定，在保密检查或者泄露国家秘密案件查处中，有关机关、单位及其工作人员应当配合。若有关机关、单位及其工作人员拒不配合，弄虚作假，隐匿、销毁证据，或者以其他方式逃避、妨碍保密检查或者泄露国家秘密案件查处的，应当对直接负责的主管人员和其他直接责任人员依法给予处分。

本案中，省国家安全厅明确表示查阅案卷材料是为了查处泄露国家秘密案件，并且向某市检察院递交了相关手续，某市检察院应当积极配合省国家安全厅的工作。副检察长无正当理由拒不配合，妨碍泄露国家秘密案件的查处，应当依法给予处分。

第八章

监察法律知识

1 监察委员会的职能是什么？

情景再现

张某因涉嫌合同诈骗，被某市公安局经济侦查犯罪支队刑事拘留，侦查员刘某收受张某家属送的财物，在侦查中故意隐瞒张某的犯罪证据。因证据不足，某市检察院没有批准对张某的逮捕。某市监察委员会将刘某带走进行调查。

法律分析

《监察法》第3条规定："各级监察委员会是行使国家监察职能的专责机关，依照本法对所有行使公权力的公职人员（以下称公职人员）进行监察，调查职务违法和职务犯罪，开展廉政建设和反腐败工作，维护宪法和法律的尊严。"

据此，监察委员会具有三项职能：（1）对所有行使公权力的公职人员进行监察；（2）调查职务违法和职务犯罪；（3）开展廉政建设和反腐败工作，维护宪法和法律的尊严。

监察机关行使的是调查权，不同于侦查权。《监察法》规定的执法主体是与中国共产党的纪律检查机关合署办公的国家监察机关，监督调查对象是行使公权力的公职人员，而不是普通的刑事犯罪嫌疑人，调查的内容是职务违法和职务犯罪，而不是一般刑事犯罪行为。

本案中，对侦查员刘某的徇私枉法行为进行调查属于监察机关的职能范围。

2 监察委员会的监察对象有哪些？

情景再现

张某是某国有企业负责采购的高级管理人员，该企业的设备需要升级改造，于是企业向社会发布了招标信息。某市新意机械加工公司想中标，于是通过李某认识张某后，张某向某市新意机械加工公司透露了标的，某市新意机械加工公司顺利中标。事后，某市机械加工公司向张某表示感谢，并给张某现金20万元。张某属于监察对象吗？

法律分析

《监察法》第15条规定："监察机关对下列公职人员和有关人员进行监察：（一）中国共产党机关、人民代表大会及其常务委员会机关、人民政府、监察委员会、人民法院、人民检察院、中国人民政治协商会议各级委员会机关、民主党派机关和工商业联合会机关的公务员，以及参照《中华人民共和国公务员法》管理的人员；（二）法律、法规授权或者受国家机关依法委托管理公共事务的组织中从事公务的人员；（三）国有企业管理人员；（四）公办的教育、科研、文化、医疗卫生、体育等单位中从事管理的人员；（五）基层群众性自治组织中从事管理的人员；（六）其他依法履行公职的人员。”此规定实现了国家监察对所有行使公权力公职人员的实行全覆盖。

本案中，张某是国有企业的高级管理人员，属于监察机关的监察对象。

3　监察委员会是否可以对所有涉嫌职务违法或者职务犯罪的被调查人采取留置措施？

情景再现

刘某是某市应急管理局的科长，负责对煤矿安全生产进行巡查。朝阳矿业有限公司因不符合安全生产的标准，被某市应急管理局下达了整改通知。该通知要求朝阳矿业有限公司在整改没有达到标准时不得进行生产。朝阳矿业有限公司为了提前生产，通过闫某给刘某送了现金50万元。刘某在安排巡查的路线时，故意避开朝阳矿业有限公司。后来，朝阳矿业有限公司发生生产事故，造成3人死亡。某市监察委员会经调查后，对刘某采取了留置措施。

法律分析

《监察法》第22条规定："被调查人涉嫌贪污贿赂、失职渎职等严重职务违法或者职务犯罪，监察机关已经掌握其部分违法犯罪事实及证据，仍有重要问题需要进一步调查，并有下列情形之一的，经监察机关依法审批，可以将其留置在特定场所：（一）涉及案情重大、复杂的；（二）可能逃跑、自杀的；（三）可能串供或者伪造、隐匿、毁灭证据的；（四）可能有其他妨碍调查行为的。对涉嫌行贿犯罪或者共同职务犯罪的涉案人员，监察机关可以依照前款规定采取留置措施。留置场所的设置、管理和监督依照国家有关规定执行。"

留置，是指监察机关调查涉嫌贪污贿赂、失职渎职等严重职务违法或者职务犯罪时，已经掌握被调查人部分违法犯罪事实及证据，仍有重要问题需要进一步调查，并且具备法定情形，经依法审批后，将被调查人带至并留在特定场所，使其就案件所涉及的问题配合调查而采取的一项案件调查措施。本案案情重大、复杂，监察委员会对刘某采取留置措施符合法律规定。

4　被留置人的合法权益如何保障？

情景再现

张某涉嫌受贿。某市监察委员会对张某立案调查并决定采取留置措施。监察委员会的工作人员将张某带至该市的办案基地后，将张某被留置的情况通知了张某的妻子。

法律分析

《监察法》第44条规定："对被调查人采取留置措施后，应当在二十四小时以内，通知被留置人员所在单位和家属，但有可能毁灭、伪造证据，干扰证人作证或者串供等有碍调查情形的除外。有碍调查的情形消失后，应当立即通知被留置人员所在单位和家属。监察机关应当保障被留置人员的饮食、休息和安全，提供医疗服务。讯问被留置人员应当合理安排讯问时间和时长，讯问笔录由被讯问人阅看后签名。被留置人员涉嫌犯罪移送司法机关后，被依法判处管制、拘役和有期徒刑的，留置一日折抵管制二日，折抵拘役、有期徒刑一日。"

由此可见，通过以下几种方式可以保障被留置人的合法权益：（1）采取留置措施后，被留置人与外界失去联系，监察机关应当在采取留置措施后24小时以内通知被留置人所在单位和家属，通知有碍调查的除外。通知是原则，不通知是例外。有碍调查的情形消失以后，监察机关应当立即通知被留置人所在单位和家属。（2）保障被留置人的饮食、休息和安全。对患有疾病或者身体不适的，应当及时提供医疗服务，这既是保障被留置人的合法权益，也有利于保证调查工作的顺利进行。（3）合理安排讯问时间和时长，保障被留置人供述的真实性。

5 监察委员会在移送检察院审查起诉时，在什么情况下可以对被调查人提出从宽处罚的建议？

情景再现

何某因贪污主动向某市监察委员会投案。某市监察委员会对何某立案调查并采取了留置措施。何某在监察委员会调查期间不但全部坦白了自己贪污的事实，而且还提供了孙某受贿的线索。某市监察委员会通过何某提供的线索，查处了孙某受贿、玩忽职守一案。某市监察委员会在向检察机关移送起诉何某贪污一案时，向检察院提出了对何某减轻处罚的书面建议。

法律分析

《监察法》第31条规定：“涉嫌职务犯罪的被调查人主动认罪认罚，有下列情形之一的，监察机关经领导人员集体研究，并报上一级监察机关批准，可以在移送人民检察院时提出从宽处罚的建议：（一）自动投案，真诚悔罪悔过的；（二）积极配合调查工作，如实供述监察机关还未掌握的违法犯罪行为的；（三）积极退赃，减少损失的；（四）具有重大立功表现或者案件涉及国家重大利益等情形的。”

第32条规定：“职务违法犯罪的涉案人员揭发有关被调查人职务违法犯罪行为，查证属实的，或者提供重要线索，有助于调查其他案件的，监察机关经领导人员集体研究，并报上一级监察机关批准，可以在移送人民检察院时提出从宽处罚的建议。”

本案中，何某主动投案，积极配合调查工作，提供了孙某受贿的重要线索，监察机关经领导人员集体研究并报上一级监察机关批准后，可以在移送检察院审查起诉时提出从宽的处罚建议。

6　国家机关发现职务违法或者犯罪线索的，应当如何处置？

情景再现

某市审计局在对市自然资源局进行年度审计时，发现该局的办公经费严重超支，进一步审计发现，该局设立小金库，违规发放奖金。审计局在审计终结时，向市自然资源局发出了审计意见，并将在审计中发现的线索书面移送某市监察委员会。

法律分析

《监察法》第34条规定："人民法院、人民检察院、公安机关、审计机关等国家机关在工作中发现公职人员涉嫌贪污贿赂、失职渎职等职务违法或者职务犯罪的问题线索，应当移送监察机关，由监察机关依法调查处置。被调查人既涉嫌严重职务违法或者职务犯罪，又涉嫌其他违法犯罪的，一般应当由监察机关为主调查，其他机关予以协助。"

我国实行公职人员涉嫌职务违法或者职务犯罪问题线索移送制度。监察机关是行使国家监察职能的专责机关，对所有行使公权力的公职人员进行监察，调查职务违法和职务犯罪。因此，审判机关、检察机关、公安机关、审计机关等国家机关，在审判、审查起诉、刑事侦查、治安行政管理、审计等工作中，发现公职人员涉嫌职务违法犯罪问题线索的，应当及时移送监察机关。

7 监察委员会采取调查措施应当符合哪些程序性规定?

情景再现

某市市场监督管理局工作人员朱某因涉嫌玩忽职守被某市监察委员会依法立案调查。监察委员会工作人员李某、苏某依法对朱某进行讯问。李某、苏某在讯问时向朱某出示了自己的工作证件和要求朱某接受讯问的通知书，并对讯问做了笔录和全程录音录像。讯问结束后，李某、苏某要求朱某在讯问笔录上签字。

法律分析

《监察法》第41条规定："调查人员采取讯问、询问、留置、搜查、调取、查封、扣押、勘验检查等调查措施，均应当依照规定出示证件，出具书面通知，由二人以上进行，形成笔录、报告等书面材料，并由相关人员签名、盖章。调查人员进行讯问以及搜查、查封、扣押等重要取证工作，应当对全过程进行录音录像，留存备查。"

据此，监察委员会工作人员在进行调查时应当：（1）依照规定出示证件，以证明调查人员的真实身份。（2）出具书面通知，以证明调查人员的行为经过监察机关合法授权。（3）由二人以上进行，有利于客观、真实获取和固定证据，并互相配合、互相监督，防止个人徇私舞弊或发生刑讯逼供、诱供等非法调查行为，防止一些被调查人诬告调查人员有人身侮辱、刑讯逼供等行为。（4）形成笔录、报告等书面材料，并由相关人员签名、盖章，防止歪曲被调查人、证人的真实意图，或者出现强加于人的主观臆断甚至捏造事实等情况。对全程录音录像备查，更是为了证明证据的客观真实性。

本案中，监察委员会工作人员李某、苏某的行为完全符合监察工作的程序性规定。

8 监察机关涉密工作人员离岗离职后，有何限制性规定？

情景再现

赵某系某市监察委员会工作人员，在工作期间参加了全国统一的法律职业资格考试，取得了法律职业资格证书。赵某于2020年6月正式退休。2020年10月，赵某向某市司法局递交律师执业的申请。某市司法局书面通知赵某目前不符合律师执业的规定，依法不予受理。

法律分析

《监察法》第59条规定："监察机关涉密人员离岗离职后，应当遵守脱密期管理规定，严格履行保密义务，不得泄露相关秘密。监察人员辞职、退休三年内，不得从事与监察和司法工作相关联且可能发生利益冲突的职业。"

监察工作涉及大量国家秘密和工作机密，要严格防范监察人员在工作中接触的秘密因为人员流动而流失，让保密责任与离岗离职的监察人员如影随形。并且监察人员掌握监察权，不仅要对监察人员在职期间的行为加以严格约束，而且也要对监察人员辞职、退休后的行为作出一定的限制，避免监察人员在职期间利用手中权力为他人谋取利益换取辞职、退休后的回报，或在辞职、退休后利用自己在原单位的影响力为自己谋取不当利益。监察人员在辞职、退休3年内，如果从事的职业与监察和司法工作有关，可能引致他人怀疑与原工作内容产生利益冲突。

本案中，赵某退休不到3年即申请律师执业，从事与司法相关联的工作，违反禁业时间的规定，因此，司法局不予受理是正确的。

9 被调查人不服处理决定该如何救济？

情景再现

2019年7月3日，经立案调查，某市纪委监察委对严重违反党纪且存在职务违法行为的环保局副局长尚某作出撤销党内职务处分和撤职政务处分决定，撤销尚某现任所有职务，降低两个职务层级，确定为副主任科员，降低工资等待遇。政务处分决定自作出之日起交有关部门执行。尚某于7月4日收到政务处分决定书，对政务处分决定不服，经过几天的考虑，于7月10日依法向市监察委员会申请复审。市监察委员会于8月1日作出复审决定，维持原政务处分决定。尚某于8月14日收到复审决定书，仍不服，于8月18日依法向省监察委员会申请复核。省监察委员会于9月19日作出复核决定，认为原政务处分决定事实清楚、证据确实充分、适用法律法规正确、定性准确、处理恰当、程序合法，维持原政务处分决定。

法律分析

《监察法》第49条规定："监察对象对监察机关作出的涉及本人的处理决定不服的，可以在收到处理决定之日起一个月内，向作出决定的监察机关申请复审，复审机关应当在一个月内作出复审决定；监察对象对复审决定仍不服的，可以在收到复审决定之日起一个月内，向上一级监察机关申请复核，复核机关应当在二个月内作出复核决定……"对公职人员的处理，往往会影响其职业生涯的发展，居于领导岗位的还可能会终结政治生命，被调查人更是面临巨大的心理压力和社会压力。如果监察机关在事实认定、法律适用上出现偏差，就会给被调查人的工作、生活造成严重影响，甚至是无可挽回的损失。因此，为保障监察对象的合法权益，促进监察机关依法履职、秉公用权，防错纠错，监察程序必须有相应的防错纠错程序和严格的期限规定。

本案中，尚某对本人的政务处分决定不服，作为具有复审、复核申请权的主体，依法可以申请复审、复核。尚某于监察机关作出决定的次日收到政务处分决定，于复审决定作出几天后收到复审决定。相应的1个月的复审、复核申请期限分别要从尚某收到决定之日起计算。尚某都是在法定期限之内提出了申请。最终市监委在1个月内作出了复审决定，省监委在2个月内作出了复核决定，均符合法定期限。

第九章

国家赔偿法律知识

1　赔偿义务机关进行国家赔偿后，相关工作人员应当承担什么责任？

情景再现

某市发生特大洪灾，陈某乘机倒卖粮食，被该市某公安局抓获。起初陈某不承认自己有倒卖粮食的行为。公安人员蔡某和秦某非常生气，认为陈某态度恶劣，于是对陈某拳打脚踢，并不时用警棍电击陈某。当时蔡某的朋友王某（某商场职员）也在场，王某看着蔡某和秦某用警棍很是过瘾，也想试一下如何使用，于是要求蔡某和秦某让他来代他们行使职权，“审问”陈某。蔡某和秦某将其警棍交给王某，王某在“代行职权”过程中，长时间电击陈某，造成陈某多次昏厥。后经查明，陈某全身多处软组织受伤，部分系王某电击所致，部分系蔡某和秦某殴打所致。

法律分析

国家赔偿有行政赔偿和刑事赔偿两种。《国家赔偿法》第16条规定：“赔偿义务机关赔偿损失后，应当责令有故意或者重大过失的工作人员或者受委托的组织或者个人承担部分或者全部赔偿费用。对有故意或者重大过失的责任人员，有关机关应当依法给予处分；构成犯罪的，应当依法追究刑事责任。”

《国家赔偿法》第31条规定：“赔偿义务机关赔偿后，应当向有下列情形之一的工作人员追偿部分或者全部赔偿费用：（一）有本法第十七条第四项、第五项规定情形的；（二）在处理案件中有贪污受贿，徇私舞弊，枉法裁判行为的。对有前款规定情形的责任人员，有关机关应当依法给予处分；构成犯罪的，应当依法追究刑事责任。”

国家权力实际上是委托给国家机关及其工作人员代理行使的，因此当国家机关工作人员的代理行为出现失误，造成个人、法人和其他组织合法权益受到损害时，应由被代理的国家承担赔偿责任，同时，赔偿义务机关赔偿损失后，应当责令或者受委托的组织或者个人承担部分或者全部赔偿费用。对有故意或者重大过失的责任人员，有关机关应当依法给予处分，构成犯罪的，应当依法追究刑事责任。

本案中，蔡某和秦某利用职权故意殴打陈某，放纵不是国家工作人员的王某违法使用警棍对陈某进行电击，造成了陈某的身体伤害，蔡某和秦某所在的单位依法应当向陈某承担赔偿责任后，应当责令蔡某和秦某两人承担对于国家赔偿陈某的费用，并给予相关的处分。

2 刑事案件被告人一旦被认定为无罪，相关部门是否应当就实施拘留、逮捕措施而承担赔偿责任？

情景再现

杨某从某公司购进彩电50台，已付50%的货款，后发现彩电有质量问题，拒付余款。某公司遂举报杨某诈骗，区公安局决定对杨某拘留。经区人民检察院批准，杨某被逮捕。区人民检察院提起公诉，区人民法院判决杨某构成诈骗罪。杨某不服提出上诉，后中级人民法院改判杨某无罪。

法律分析

《国家赔偿法》第17条规定："行使侦查、检察、审判职权的机关以及看守所、监狱管理机关及其工作人员在行使职权时有下列侵犯人身权情形之一的，受害人有取得赔偿的权利：（一）违反刑事诉讼法的规定对公民采取拘留措施的，或者依照刑事诉讼法规定的条件和程序对公民采取拘留措施，但是拘留时间超过刑事诉讼法规定的时限，其后决定撤销案件、不起诉或者判决宣告无罪终止追究刑事责任的；（二）对公民采取逮捕措施后，决定撤销案件、不起诉或者判决宣告无罪终止追究刑事责任的；（三）依照审判监督程序再审改判无罪，原判刑罚已经执行的；（四）刑讯逼供或者以殴打、虐待等行为或者唆使、放纵他人以殴打、虐待等行为造成公民身体伤害或者死亡的；（五）违法使用武器、警械造成公民身体伤害或者死亡的。”第22条规定：“赔偿义务机关有本法第十七条、第十八条规定情形之一的，应当给予赔偿。赔偿请求人要求赔偿，应当先向赔偿义务机关提出。赔偿请求人提出赔偿请求，适用本法第十一条、第十二条的规定。”

刑事拘留是刑事诉讼强制措施之一，是指行使侦查权的机关在侦查过程中，遇到紧急情况时，对现行犯和重大嫌疑分子采取的临时限制其人身自由的一种强制措施。在《国家赔偿法》中，错误拘留是指司法机关对没有犯罪事实和没有事实证明有重大嫌疑的公民而采取的刑事拘留强制措施。

逮捕是指司法机关对犯罪嫌疑人、被告人实行羁押看管，暂时限制其人身自由的一种强制措施。《国家赔偿法》上的错误逮捕是指没有犯罪事实而实施的逮捕。决定、批准逮捕的机关是人民检察院、人民法院，如果人民检察院因被逮捕的人无罪而决定撤销案件或作出不起诉决定的；人民法院生效的判决宣告被告人无罪的，都应认定为对被告人的错误逮捕，国家应承担赔偿责任。

本案中，市中级人民法院终审判决认定杨某无罪，一审人民法院依法应当承担赔偿责任。

3 在行政赔偿中，国家不承担赔偿责任的情形包括哪些?

情景再现

某县人民政府的工作人员刘某在执行职务时向孙某询问去李某家的路如何走，孙某很不高兴地回答:“我不知道！你们滚出去!”刘某对孙某的行为不满，与孙某发生口角，进而发生抓扯、厮打，双方都受到一定伤害。后经他人劝解，纠纷平息。孙某住院治伤7天，花去医疗费320.90元。孙某向某县人民政府要求赔偿，某县人民政府不予赔偿。

法律分析

根据《国家赔偿法》第5条规定:“属于下列情形之一的，国家不承担赔偿责任:（一）行政机关工作人员与行使职权无关的个人行为;（二）因公民、法人和其他组织自己的行为致使损害发生的;（三）法律规定的其他情形。”

国家不承担赔偿责任，又称行政赔偿责任的限制或行政赔偿责任的例外，主要包括以下情形:（1）行政机关工作人员与行使职权无关的个人行为。行政机关工作人员也是普通公民，当其以普通公民的身份从事活动时，其是为了个人利益而非国家利益，其行为不受职业规范约束，由此引发的侵犯他人合法权益的行为是其个人行为，国家不承担赔偿责任。(2) 因公民、法人和其他组织自己的行为致使损害发生的情形。所谓由公民、法人和其他组织自己的行为造成的损害，是指行政机关工作人员在行使职权过程中，由于相对人自己的行为造成损害的情况。(3) 法律规定的其他情形。这是一条概括性的规定，“法律规定的其他情形”主要包括不可抗力、第三人过错等情形。不可抗力是指不能预见、不能避免并不能克服的客观情况，例如因战争、天灾等引起的损害。值得注意的是，这里的“法律”应当作狭义的理解，即仅指全国人民代表大会及其常务委员会按立法程序制定的规范性文件，不包括法规、规章等。

本案中，某县人民政府的工作人员刘某等人向孙某问路的行为，不是行使行政职权的职务行为，孙某与刘某因问路产生的人身损害赔偿纠纷应当通过民事诉讼解决，故国家不应当赔偿孙某。

4 在行政赔偿中，在什么情形下，受害人有权要求赔偿？

情景再现

某县执法人员对该县市场生猪肉产品摊位进行检查时，要求曾某出具证明生猪肉产品为合格品的“手续完备”单据并接受检查，曾某表示未随身携带单据。执法人员当即将曾某摊位上的生猪肉产品扣押。执法人员未在扣押现场对扣押的生猪肉产品进行过秤，亦未在现场填写扣押清单交给曾某。当天上午，曾某将证明生猪肉产品为合格品的“手续完备”单据及税单交给执法人员检查，执法人员经审查后，同意解除扣押，要求曾某将生猪肉产品领回，但曾某以东门市场已过上市时间为由拒绝领回生猪肉产品，要求该县赔偿损失。当天下午，该县对扣押的生猪肉产品进行了销毁处理。该县执法局下达《生猪屠宰违法案件行政处罚决定书》以曾某“上市销售的猪肉产品所盖的检疫章不是临城定点屠宰厂使用的检疫章、其猪肉产品属非法屠宰的猪肉产品”为由，作出没收非法屠宰猪肉产品62公斤的处罚决定，但没有将该处罚决定书给曾某。

法律分析

所谓行政赔偿，是指行政机关及其工作人员违法行使行政职权，侵犯公民、法人和其他组织的合法权益造成损害，由国家承担赔偿责任的赔偿。行政赔偿是国家赔偿的主要组成部分。针对不同形式的违法行为，采取的赔偿方式不同。《国家赔偿法》第36条规定了以下几种赔偿方式：（1）处罚款、罚金、追缴、没收财产或者违法征收、征用财产的，返还财产；（2）查封、扣押、冻结财产的，解除对财产的查封、扣押、冻结，造成财产损坏或者灭失的，依照该条第 3 项、第 4 项的规定赔偿；(3) 应当返还的财产损坏的，能够恢复原状的恢复原状，不能恢复原状的，按照损害程度给付相应的赔偿金；(4) 应当返还的财产灭失的，给付相应的赔偿金；(5) 财产已经拍卖或者变卖的，给付拍卖或者变卖所得的价款，变卖的价款明显低于财产价值的，应当支付相应的赔偿金；(6) 吊销许可证和执照、责令停产停业的，赔偿停产停业期间必要的经常性费用开支；(7) 返还执行的罚款或者罚金、追缴或者没收的金钱，解除冻结的存款或者汇款的，应当支付银行同期存款利息；(8) 对财产权造成其他损害的，按照直接损失给予赔偿。

《国家赔偿法》第 3 条规定："行政机关及其工作人员在行使行政职权时有下列侵犯人身权情形之一的，受害人有取得赔偿的权利：(一) 违法拘留或者违法采取限制公民人身自由的行政强制措施的；(二) 非法拘禁或者以其他方法非法剥夺公民人身自由的；(三) 以殴打、虐待等行为或者唆使、放纵他人以殴打、虐待等行为造成公民身体伤害或者死亡的；(四) 违法使用武器、警械造成公民身体伤害或者死亡的；(五) 造成公民身体伤害或者死亡的其他违法行为。"第 4 条规定："行政机关及其工作人员在行使行政职权时有下列侵犯财产权情形之一的，受害人有取得赔偿的权利：(一) 违法实施罚款、吊销许可证和执照、责令停产停业、没收财物等行政处罚的；（二）违法对财产采取查封、扣押、冻结等行政强制措施的；（三）违法征收、征用财产的；（四）造成财产损害的其他违法行为。”

在本案中，生猪肉品质合格的唯一凭证是定点屠宰厂加盖的验讫章，并不要求随货携带任何书面凭证。某县执法局以曾某未随身携带证明生猪肉品品质合格的单据为由扣押曾某已经盖有合格品验讫章的生猪肉的行为是没有法律、法规和规章依据的。另，某县执法局对曾某作出的处罚决定，由于没有送达曾某，故该处罚决定对曾某不产生法律效力。某县执法人员扣押上诉人生猪肉产品的行为系违法行政行为，故对该扣押行为给原告所造成的损失应当予以赔偿。

5 在刑事赔偿中，如何确定赔偿义务机关？

情景再现

因涉嫌犯合同诈骗罪，朱某被刑事拘留，某市人民检察院未批准逮捕，后朱某被取保候审。某省人民检察院复核决定书批准逮捕朱某，朱某被执行逮捕。经某市中级人民法院审理，以指控依据不足为由，判决朱某无罪。朱某认为，自己无辜被牵扯进刑事诉讼，还因此影响了工作、生活，国家应当赔偿自己的损失，但是不知道应当向哪个机关提出赔偿请求。

法律分析

《国家赔偿法》第21条规定，行使侦查、检察、审判职权的机关以及看守所、监狱管理机关及其工作人员在行使职权时侵犯公民、法人和其他组织的合法权益造成损害的，该机关为赔偿义务机关。对公民采取拘留措施，依照该法的规定应当给予国家赔偿的，作出拘留决定的机关为赔偿义务机关。对公民采取逮捕措施后决定撤销案件、不起诉或者判决宣告无罪的，作出逮捕决定的机关为赔偿义务机关。再审改判无罪的，作出原生效判决的人民法院为赔偿义务机关。二审改判无罪，以及二审发回重审后作无罪处理的，作出一审有罪判决的人民法院为赔偿义务机关。

本案中，朱某因涉嫌合同诈骗罪被刑事拘留后，某市人民检察院没有批准逮捕，经某省人民检察院复核，决定逮捕朱某，后经人民法院审理，朱某不构成犯罪，依照《国家赔偿法》的规定，本案赔偿义务机关为作出错误逮捕决定的某省人民检察院。

6 在刑事赔偿中，赔偿请求人应当如何主张自己的请求？

情景再现

赔偿请求人仇某原系县复合肥厂聘任厂长。县人民检察院以仇某有挪用公款嫌疑而对仇某采取人身限制措施，且仇某被逮捕的过程被录像，并在县电视台新闻节目和有线广播中播放。后来县人民检察院认定仇某构成挪用公款罪，但不予起诉并予以释放。仇某不服，被释放后即向市人民检察院提出申诉。市人民检察院作出复查决定书，认定仇某不构成挪用公款罪，撤销县人民检察对仇某的不起诉决定书。据此，仇某先后向县人民检察院和市人民检察院提出赔偿申请和赔偿复议申请。但两级检察院在法定期限内均未作出是否予以赔偿的决定。

法律分析

《国家赔偿法》第22条规定："赔偿义务机关有本法第十七条、第十八条规定情形之一的，应当给予赔偿。赔偿请求人要求赔偿，应当先向赔偿义务机关提出。赔偿请求人提出赔偿请求，适用本法第十一条、第十二条的规定。"第23条规定："赔偿义务机关应当自收到申请之日起两个月内，作出是否赔偿的决定。赔偿义务机关作出赔偿决定，应当充分听取赔偿请求人的意见，并可以与赔偿请求人就赔偿方式、赔偿项目和赔偿数额依照本法第四章的规定进行协商。赔偿义务机关决定赔偿的，应当制作赔偿决定书，并自作出决定之日起十日内送达赔偿请求人。赔偿义务机关决定不予赔偿的，应当自作出决定之日起十日内书面通知赔偿请求人，并说明不予赔偿的理由。"第24

条规定："赔偿义务机关在规定期限内未作出是否赔偿的决定，赔偿请求人可以自期限届满之日起三十日内向赔偿义务机关的上一级机关申请复议。赔偿请求人对赔偿的方式、项目、数额有异议的，或者赔偿义务机关作出不予赔偿决定的，赔偿请求人可以自赔偿义务机关作出赔偿或者不予赔偿决定之日起三十日内，向赔偿义务机关的上一级机关申请复议。赔偿义务机关是人民法院的，赔偿请求人可以依照本条规定向其上一级人民法院赔偿委员会申请作出赔偿决定。"第25条规定："复议机关应当自收到申请之日起两个月内作出决定。赔偿请求人不服复议决定的，可以在收到复议决定之日起三十日内向复议机关所在地的同级人民法院赔偿委员会申请作出赔偿决定；复议机关逾期不作决定的，赔偿请求人可以自期限届满之日起三十日内向复议机关所在地的同级人民法院赔偿委员会申请作出赔偿决定。"

本案中，仇某被市检察院认定不构成犯罪后，依法向县检察院和市检察院提出赔偿申请，但县检察院和市检察院均在法定期限内没有给予答复，仇某可以依据上述法律规定，向所在地的中级人民法院的赔偿委员会申请作出赔偿决定。

7 行政机关做出不予赔偿决定的，赔偿请求人应采取哪些救济途径？

情景再现

某地县农业局对化肥经销商李某经销的化肥进行抽样检查，经检验李某销售的化肥为不合格产品。因此，县农业局作出罚款及没收不合格化肥的行政处罚决定。李某把此情况告知了生产厂家，生产厂家答复该产品是合格产品。为此，李某以产品不合格为由起诉生产厂家。该案经一审、二审法院判决认定化肥为合格产品，县农业局认定产品不合格是因为检验标准错误而导致，故所受损失由李某承担。于是李某向县农业局提起国家赔偿申请，县农业局在法定期限内未作答复，李某以县农业局为被告向法院提出国家赔偿诉讼。

法律分析

依据《国家赔偿法》第13条规定，赔偿义务机关应当自收到申请之日起两个月内，作出是否赔偿的决定。赔偿义务机关作出赔偿决定，应当充分听取赔偿请求人的意见，并可以与赔偿请求人就赔偿方式、赔偿项目和赔偿数额依照该法第四章的规定进行协商。赔偿义务机关决定赔偿的，应当制作赔偿决定书，并自作出决定之日起10日内送达赔偿请求人。赔偿义务机关决定不予赔偿的，应当自作出决定之日起10日内书面通知赔偿请求人，并说明不予赔偿的理由。

依据《国家赔偿法》第14条规定，赔偿义务机关在规定期限内未作出是否赔偿的决定，赔偿请求人可以自期限届满之日起3个月内，向人民法院提起诉讼。赔偿请求人对赔偿的方式、项目、数额有异议的，或者赔偿义务机关作出不予赔偿决定的，赔偿请求人可以自赔偿义务机关作出赔偿或者不予赔偿决定之日起3个月内，向人民法院提起诉讼。

本案中，由于县农业局认定产品不合格的检验标准错误，导致李某受到损失，经人民法院审理后，认定县农业局作出的行政处罚为错误的行政行为。李某向县农业局申请国家赔偿，县农业局在法定期限内未作出答复，李某可以依据《国家赔偿法》的规定，向人民法院提起诉讼。

第十章

刑法知识

1 斡旋受贿中的“利用本人职权或者地位形成的便利条件”应当如何理解？

情景再现

陆某担任某国土资源所所长期间，因该市红枫路改造，某汽车配件制造有限公司由红枫路搬至本市新李堂北路（隶属该市青龙街道辖区），为办理银行抵押贷款，该公司副总经理徐某找到陆某，请其帮忙为该公司办理集体土地使用证及村镇房屋所有权证。陆某即找到时任市国土资源局铁鼓分局办公室工作人员许某，由许某提供并填写空白的集体土地建设使用证，后又填写了4份内容虚假的征（拨）使用土地批准通知书；同时，陆某找到某市青龙街道建设办副主任周某，由周某填写了2张虚假的省城镇工程建设许可证；陆某还找到该市天空区房管局房产管理科副科长汤某，请汤某在办证过程中给予照应。某汽车配件制造有限公司领取了村镇房屋所有权证、集体土地使用证（租赁）。徐某为感谢陆某等人，至陆某工作单位办公室，交给陆某现金10万元并由陆某作出安排。陆某即将其中的现金

5000元送给许某、现金3万元送给周某、现金2万元送给汤某。

法律分析

《刑法》第388条规定："国家工作人员利用本人职权或者地位形成的便利条件，通过其他国家工作人员职务上的行为，为请托人谋取不正当利益，索取请托人财物或者收受请托人财物的，以受贿论处。"利用本人职权或者地位形成的便利条件，是指行为人与被其利用的国家工作人员之间虽然没有隶属、制约关系，但是行为人利用本人职权或者地位产生的影响和一定的工作联系，如单位内不同部门的国家工作人员之间，上下级没有职务上隶属、制约关系的国家工作人员之间，有工作联系的不同单位的国家工作人员之间。谋取不正当利益，是指谋取违反法律、法规、规章或者政策规定的利益，或者要求对方违反法律、法规、规章、政策、行业规范的规定提供帮助或者方便条件。

本案中，陆某虽与其他三名涉案的国家工作人员之间无隶属、制约关系，但相互之间具有工作联系，属于利用陆某职权或者地位形成的便利条件的情形。本案涉案的其他三名国家工作人员利用职务之便提供虚假报批材料为某汽车配件制造有限公司办理村镇房屋所有权证和集体土地使用证，该行为属于谋取不正当利益的后一种情形。所以，陆某的行为符合斡旋受贿的构成要件，其行为已构成受贿罪。

2 国家工作人员与非国家工作人员共同受贿的处理原则有何不同？

情景再现

邵某为某公司老板，与某市招标办副主任陈某熟识。2017年10月，某工程一期土建项目由某市招标办负责远程评标。邵某和陈某发现，投标单位某公司在投标过程中存在串通评委等违规行为，但陈某并未对其予以查处，二人共谋由邵某出面联系某公司负责人冯某，告知其违规行为已被市招标办发现，依据相关规定将按照“废标”处理，并对某公司及评委进行处罚。

冯某遂于中标结果公示前一天，随邵某至陈某办公室观看评标现场录像，确认其投标中存在违规行为。冯某委托邵某向陈某求情，当晚即送给邵某30万元，并承诺该项目中标后给予剩余的70万元好处费。邵某将冯某关于好处费的承诺告知陈某，二人共谋将某公司的违规行为隐瞒不报。某公司中标后将70万元给予邵某，后邵某分给陈某50万元。2018年，某市监委对邵某、陈某涉嫌严重违法问题进行立案调查并查明了其违法犯罪事实。

法律分析

非国家工作人员与国家工作人员勾结共同受贿的，应当以受贿罪的共犯追究刑事责任。非国家工作人员是否构成受贿罪共犯，取决于双方有无共同受贿的故意和行为，国家工作人员的近亲属向国家工作人员代为转达请托事项，收受请托人财物并告知该国家工作人员，或者国家工作人员明知其近亲属收受了他人财物，仍按照近亲属的要求利用职权为他人谋取利益的，对该国家工作人员应认定为受贿罪，其近亲属以受贿罪共犯论处。近亲属以外的其他人与国家工作人员通谋，由国家工作人员利用职务上的便利为请托人谋取利益，收受请托人财物后双方共同占有的，构成受贿罪共犯，国家工作人员利用职务上的便利为他人谋取利益，并指定他人将财物送达给其他人，构成犯罪的，应以受贿罪定罪处罚。

非国家工作人员与国家工作人员通谋，共同收受他人财物，构成共同犯罪的，根据双方利用职务便利的具体情形分别定罪，追究刑事责任：(1）利用国家工作人员的职务便利为他人谋取利益的，以受贿罪追究刑事责任。(2）利用非国家工作人员的职务便利为他人谋取利益的，以非国家工作人员受贿罪追究刑事责任。(3）分别利用各自的职务便利为他人谋取利益的，按照主犯的犯罪性质追究刑事责任，不能分清主从犯的，以受贿罪追究刑事责任。

本案中，邵某与陈某共谋，利用陈某的职务便利，收受某公司 70 万元的好处费，二人的行为构成共同犯罪，因陈某系国家工作人员，因此以受贿罪追究二人的刑事责任。

3 国家机关工作人员收受贿赂后及时退还的，是否构成受贿罪?

情景再现

侯某因有求于国家工作人员李某而来到李某的办公室，偷偷将价值 5 万元的购物卡放在办公室的沙发垫下，但没有告诉李某。半年后，李某在清理沙发时发现了这张购物卡，便立即联系侯某并予以退还。

法律分析

《最高人民法院、最高人民检察院关于办理受贿刑事案件适用法律若干问题的意见》第 9 条第 1 款规定：“国家工作人员收受请托人财物后及时退还或者上交的，不是受贿。”在国家工作人员收受他人财物后退还或上交财物的情形中，国家工作人员是否及时退还请托人财物是判断其是否具有受贿故意的标准。如果能及时退还，则可认定行为人不具有受贿的主观故意，不属于受贿。

那么，依靠什么来判断和认定是否及时？只能从国家工作人员是否具有受贿故意和阻碍其归还的客观事由的角度对及时与否进行判断。如果国家工作人员主观上有退还或者上交的意思，但因为客观原因确实无法立即退还或者上交，在客观障碍消除后立即退还或者上交的，也可排除其受贿的主观故意，进而将归还期限视为及时。在国家工作人员退还请托人财物情形的案件中，国家工作人员的行为不构成受贿罪必须同时满足下列条件：（1）根据客观实际情况和收受财物的状态判断国家工作人员没有受贿故意；（2）国家工作人员在排除了（或没有）阻碍其及时归还的事由的情况下及时地退还了财物。本案中，李某主观上并不知晓侯某在办公室放了购物卡，李某不具有受贿故意，因此不构成受贿罪。

4 特定关系人索取、收受他人财物，国家工作人员知道后未退还或者上交的，能否认定国家工作人员具有受贿故意？

情景再现

孙某系某市环保局局长，该市大江公司找到孙某，希望能够在该公司马上动工的化工项目环保审批中给予帮助。此后，在孙某帮助下，该化工项目的“锅炉改造”和“二甲胺吸收回用装置”项目未批先建。春节期间，大江公司负责人携带礼品和20万元礼金拜访孙某，孙某当时有事，孙某的妻子将礼品、礼金收下。几天后，孙某的妻子将此事告诉孙某，孙某不置可否。

法律分析

《最高人民法院、最高人民检察院关于办理贪污贿赂刑事案件适用法律若干问题的解释》第16条第2款明确规定：“特定关系人索取、收受他人财物，国家工作人员知道后未退还或者上交的，应当认定国家工作人员具有受贿故意。”《最高人民法院、最高人民检察院关于办理受贿刑事案件适用法律若干问题的意见》第11条规定：“本意见所称‘特定关系人’，是指与国家工作人员有近亲属、情妇（夫）以及其他共同利益关系的人。”当特定关系人将请托人的请托事项告知国家工作人员，即国家工作人员接受了特定关系人的转请托，并在知道特定关系人索取、收受他人财物后未退还或者上交的，国家工作人员和特定关系人共同具有受贿的故意和行为，根据主客观相一致的原则，构成受贿罪的共犯。

本案中，孙某违规给大江公司提供帮助，孙某的妻子收受对方礼品和20万元礼金。虽然孙某开始不知情，但在孙某的妻子将收受礼品和20万元礼金的情况告知孙某后，孙某仍不置可否，事实性质发生转变，孙某就具备了受贿的故意。

5 经过形式上的集体研究，就不构成滥用职权罪吗？

情景再现

陈某系某省政协副主席，曾任该省农业厅党组书记、厅长。在陈某担任省农业厅党组书记、厅长期间，农业厅下属事业单位某中心拥有两块国有划拨土地。陈某为了达到以权谋私的目的，意图以最低的价格将某中心的土地转让给甲、乙两家房地产开发公司用于商业开发。陈某明知该行为触犯法律，为了免予刑事追究，多次召集省农业厅党组会议、厅长办公会议，想要通过集体决议的形式，将非法行为“合法化”。为此，陈某在会议上利用职权授意、批准某中心的国有划拨土地非法转让给甲、乙两家公司用于经营性开发。陈某还在会议上直接签批了有关某中心土地转让具体内容的协议。在陈某的授意下，某中心通过虚设交易条件、劝退竞买人、出具虚假证明文件的行为，使甲、乙两公司以挂牌底价取得了某中心转让土地的使用权，给国家造成了重大经济损失。

最终陈某构成滥用职权罪、受贿罪，受到刑事处罚。

法律分析

滥用职权罪的构成要件包含三个要素：（1）行为主体必须

为国家机关工作人员；（2）有滥用职权的行为；（3）致使公共财产、国家和人民的利益遭受重大损失。滥用职权罪的责任形式为故意，即行为人明知自己滥用职权的行为会发生侵害国家机关公务的合法、公正、有效执行以及国民对此的信赖结果，仍然希望或者放任这种结果的发生。

本案中，陈某插手下属事业单位某中心事务，授意某中心实施虚设交易条件、劝退竞买人、出具虚假证明文件等违法犯罪行为，违反国有资产和土地管理的有关规定，徇私舞弊，给国家造成重大经济损失，符合滥用职权罪的构成要件。

需要注意的是，陈某的行为方式与一般的滥用职权存在不同之处。陈某个人并没有直接决定将国有资产转让给他人，而是召集会议，以“集体研究”的方式促使转让的实施。割裂地看，陈某的行为，无论是“召集会议”还是“集体研究”，都不能被称为滥用职权。因为一方面，陈某召集会议并不超越职权；另一方面，“集体研究”产生的结果与陈某的职权没有直接必然联系，而且研究结果不是陈某个人所能决定的。但是，如果全面联系地审视陈某的行为就不难发现，陈某是以合法行使职权的外观，掩盖了实质上违法的行为。陈某以“开会研究”为幌子，以“集体决策”作掩护，把个人意志、决断强加于“集体研究”之上，通过集体会议达成犯罪目的。陈某之所以这样做，是因为一旦司法部门追究责任，就可以堂而皇之地搬出

“集体研究”“民主协商”的借口，推诿责任，逃避处罚，意图让“集体”为自己背黑锅。

陈某的行为因为有“集体研究”而具有迷惑性，但是“集体研究”不是违法犯罪的挡箭牌。《最高人民法院、最高人民检察院关于办理渎职刑事案件适用法律若干问题的解释（一）》第5条已经明确规定，国家机关负责人员违法决定，或者指使、授意、强令其他国家机关工作人员违法履行职务或者不履行职务，或者以“集体研究”形式实施渎职犯罪，应依法追究负有责任人员的刑事责任；而对于具体执行人员，可视具体情节决定是否追究刑事责任和应当判处的处罚。所以，即便是经过集体决策，只要相关人员对违法决策负有责任，且行为符合渎职罪的犯罪构成，最终都要受到法律的制裁。

6 国家机关工作人员为他人违法偷盖印章提供便利条件，造成重大损失的，构成何罪？

情景再现

某进出口有限公司法定代表人赵某欲将土地使用面积7645平方米的工业用房改变为商业用房，并办理房产证。为此，赵某委托某市兴旺房产经纪有限公司何某代为办理，并约定事成后给付30万元报酬。何某找到时任该市人民政府联合审批服务中心规划局办证窗口办事员的张某，要求其在建设工程规划许可证上加盖市规划局审批专用章，以便篡改建设工程规划许可证。张某明知该行为违法，非经合法程序不能擅自盖章，故拒绝加盖。何某遂提出在张某工作的窗口偷盖印章，对此提议，张某予以默认，并接受了何某的两次吃请。事隔数日，何某持建设工程规划许可证至张某工作的办证窗口。张某对何某来此的目的心知肚明，违反规定放任何某进入内部工作区逗留，将市规划局审批专用章放置于何某伸手可及之处，何某随即在建设工程规划许可证上盖具了市规划局审批专用章。后何某便将规划许可证上盖章处的建设项目名称由“厂房”涂改为“商业”。何某又通过私刻印章、伪造函件的办法，将办证所需资料交给了赵某，顺利办理了土地证，逃避了应缴纳的50余万元配套费。

法律分析

滥用职权罪在客观方面的本质属性是对职权的“滥用”。这种“滥用”主要表现为两种情形：（1）超越职权的滥用，即行为人超越法定权力范围违法决定无权决定的事项擅自处理无权处理的事务；（2）违法行使职权的滥用，即行为人违反法定办事程序，随心所欲地违法处理公务。

本案张某明知何某要求张某做的事情是违反其工作权限程序和超越其职责的，因此不愿亲手实施盖章事务。张某本人并没有亲手实施盖章事务，看似是一种消极不作为行为，但是，张某通过采取间接、隐蔽的手段，为何某偷盖印章提供方便，在知道何某要来偷盖印章时，不但不加以阻止，反而通过一系列的作为，如违反规定放任何某进入内部工作区逗留，违规将市规划局审批专用章放置于何某伸手可及之处，使得何某偷盖印章的目的顺利达成。张某的提供便利行为与何某偷盖印章的结果之间存在直接因果关系。张某的行为实质上造成的结果与张某本人亲手盖章无异，二人系共同犯意下不同分工的共同犯罪行为。因此在对张某的行为表现方式进行评定时，通过去伪存真的方法，可以看出张某的行为表面上是消极的不作为，而实际系违法超限履行职责作为，符合滥用职权的行为特征。

何某为盖章一事找张某帮忙，张某虽然害怕承担责任，觉得危险而没有直接答应帮助盖章，但对何某提出的由何某至窗口自己偷盖张某装作没看见的方案不置可否，后又欣然接受何某的吃请。在何某持建设工程规划许可证至张某工作的办证窗口，张某此时对何某希望偷盖印章应当是心知肚明，却仍违反规定放任何某进入内部工作区逗留，又将印章放置于何某伸手可及的地方，为何某偷盖印章提供便利，由如此连续明显的违规行为可以知道张某是明知自己行为可能造成危害结果的发生，仍对犯罪结果的发生持一种放任的态度，主观心态属于典型的间接故意，符合滥用职权罪主观方面的构成要件。

7 国家机关工作人员以单位名义擅自将本单位资金提供给其他单位使用，个人没有谋取利益，但造成重大损失，是否构成犯罪?

情景再现

余某在担任某市商业网点管理办公室主任期间，故意违反某市人民政府的关于网点资金专款专用的规定，擅自将网点资金人民币660万元出借给某实业公司使用。其间某实业公司先后归还商业网点管理办公室274万元，但因投资失败，某实业公司宣布破产，尚欠386万元无法归还商业网点管理办公室。

法律分析

滥用职权罪在客观方面表现为违反法律规定的权限和程序，滥用职权，致使公共财产、国家和人民利益遭受重大损失的行为。余某明知市政府对网点办的各项资金明文规定“专款专用，用于公建商业网点建设和维修不得移作他用”，仍违反上述规定，将专项资金出借给某实业公司使用，并造成商业网点管理办公室386万元资金无法收回。根据《全国法院审理经济犯罪案件工作座谈会纪要》中关于渎职犯罪造成公共损失的认定，在司法实践中虽然公共财产作为债权存在，但已无法实现债权的，可以认定为渎职行为造成了经济损失，包括债务人已经按照法定程序宣告破产、债务人潜逃、去向不明。本案中，某实业公司已经宣布破产，商业网点管理办公室虽然有债权存在，但已经无法实现，余某虽然没有从中谋取个人利益，但致使公共财产、国家和人民利益遭受重大损失，余某的行为构成滥用职权罪。